유식(唯識),

마음을 변화시키는 지혜

유식, 마음을
변화시키는 지혜

나를 바꾸는 불교심리학

요코야마 코이츠(橫山紘一) 지음
안환기 옮김

민족사

시작하며

　우리는 이 세상에 인간으로 태어나서 도대체 무엇을 위
해 사는 것일까요?

　요즈음 세상은 참으로 혼란스럽습니다. 지구 환경문제,
민족 간의 분쟁, 종교 간의 대립, 가정폭력, 교육 현장의 붕
괴, 청소년들의 안일한 살인사건, 정치·경제·관직에 걸친
부정한 사건 등, 더는 셀 수 없을 정도로 많은 문제가 생겨
나고 있습니다.

　새로운 시대인 21세기에 인간은 정말로 살아남아서, 행
복하게 살아갈 수 있을까요?

　세상이 이렇게 어지럽게 된 데에는 많은 원인이 있겠지
요. 이러한 모든 것은 인간의 잘못으로 생겨난 재난[人災]

이며, 인간이 원인이 되어 생겨난 사건들입니다. 인간에 의해 생겨난 병(病)입니다. 그래서 그러한 병은 인간에 의해 다시 고칠 수 있을 것이라는 희망도 있습니다.

그것은 그렇다 치고, 이러한 병이 생겨난 근본적인 원인은 사람 각자가 가진 '자아에 대해 집착하는 마음'이라고 할 수 있겠지요. 저[私], 자신[自分], 나[己]…라고 생각하는 이기주의는, 가깝게는 가정 내에서의 대립에서, 멀리는 민족 간, 국가 간의 전쟁까지도 일으키게 됩니다.

이 수많은 병폐를 치유하기 위해서 개개인이 '삶의 목적'을 명확히 인식하고 그것을 향해 노력 정진하는 것 이외에 다른 방법이 없습니다.

삶의 목적은 '나 따위는 아무래도 좋다. 다른 사람을 위해, 세상을 위해서 내 삶의 에너지를 다 쓰겠다'는 것이라고 저는 확신하고 있습니다. 행운, 행복, 사는 보람은 무엇인가요? 물론 나 자신은 사랑스럽습니다. 그래서 나 자신이 즐겁고 풍족하면 행복할지도 모릅니다. 하지만 '나 자신의 행복'이란 도대체 무엇일까요? 눈을 뜨고 둘러봅시다.

유식, 마음을 변화시키는 지혜

주변에 더 괴로워하는, 불행한 사람들이 많지 않습니까? 그런 사람을 제쳐 두고 자신만 풍요롭고 즐겁다면, 그것이 과연 자기 자신을 행복하게 하는 것일까요?

오히려 자신의 모든 것을 내던지고, 자신의 행복을 버리고, 타인에게 헌신하는 데에서 역으로 자신의 행복이 생겨나는 것은 아닐까요? 그렇다고 해도, 우리는 '나'에게 사로잡혀 있기 때문에, 행동하는 모든 것이 나 자신에게 되돌아옵니다. 그렇기 때문에, 살아감에 따라 점점 우리 몸은 불어나고 무거워져서, 자유롭게 살 수 없게 됩니다. 하지만 여기서 잠시 조용히 생각해 봅시다.

원래 '나'란 도대체 무엇일까요? 생각해 보면, 그 '무엇'인가를 파악한다는 것은 참으로 불가능합니다. 그 '나'라는 것은 '생각'과 '언어'로만 그려 낸 환상이 아닐까요?

그런 잡을 수 없는 환상과 같은 자신을 던져 버리고, 괴로워하는 다른 사람을 위해서 자기 삶의 에너지를 쏟아부어 봅시다.

'나 따위는 아무래도 좋다!'

이처럼 마음속으로 항상 되풀이해서 말하고, 세상 사람들의 행복을 위해서 있는 힘을 다하면서, 자기 마음의 깊은 곳에 잠복해 있는 자아에 집착하는 종자(種子)를 불태워 없앨 때, 정신을 차려 보면, 나도 행복해져 있을지 모릅니다.

다시 한 번 여쭈어 봅니다.

삶의 목적은 참으로 무엇일까요? 만약 그것이 행복이라는 말로 표현된다면, 그 행복의 구체적인 내용은 무엇일까요? 이 책이, 이 질문을 스스로의 마음속에서 진지하게 따져 보는 계기가 되면 좋겠습니다.

이 책은 제가 오랜 세월 공부해 온 유식사상을 기본으로 해서, 거기에 제 나름대로 사색하고 체험한 것을 보태서 쓴 것입니다. 본문에는 되도록이면 불교의 전문용어를 사용하지 않으려고 했습니다. 그리고 독자들의 이해를 돕기 위해 각 항목마다 그 내용을 도표로 정리하였으며, 그중에 몇 개의 단어를 적고 그것에 대해 간략하게 설명했습니다. 이를 통해 불교 내지 유식사상에 대한 흥미를 더욱 키워 주신다면 다행입니다.

마지막으로 이 책을 출판하는 데 인연을 맺어 준 다이호 우린카쿠(大法輪閣)의 이시하라 다이도우(石原大道) 사장님, 편집부 혼마 코이치로(本間康一郎) 씨, 그리고 편집에 힘을 보태 주신 미치쇼보우(みち書房)의 타나카 지로우(田中治郎) 씨, 오카다 리에(岡田理惠) 씨 등께 깊이 감사드립니다.

2018년 6월

한노(飯能)의 구우쿄(寓居)에서

요코야마 코이츠(橫山紘一)

차례

•

도대체 '무엇'인가?

‘나’를
추구하다

‘뭐지?’라고 계속 물어보자

무엇인가를 물을 때 우리는 여러 가지 의문사를 사용합
니다. 예를 들면, ‘언제 어디서 만날까?’, ‘그것은 무엇 때문
에 있지?’, ‘왜 그렇지?’, ‘그것은 뭐지?’, ‘어떻게 하면 좋을
까?’라고 합니다. 하지만 의문사 중에서 가장 근원적인 것
은 ‘무엇’이라는 질문입니다. 왜냐하면 ‘무엇’을 해결하지 않
으면 ‘어떻게’를 결론 지을 수 없기 때문입니다.

예컨대, '나 자신'은 '무엇'이냐고 묻고 그 자신이 무엇인지를 끝까지 확인한 다음에야, 비로소 '어떻게' 사는가를 결론지을 수 있기 때문입니다. 자신이 '무엇'인지 모르고 살면, 그것은 유령과 같은 삶이 되어 반드시 길을 잘못 들고 헤매게 됩니다.

어린 아이는 말을 배우기 시작할 때 '무엇'이라고 묻는 것에서 출발합니다. 전철 속에서 "엄마, 저거 뭐야? 뭐야?"라고 귀찮을 정도로 질문을 계속해서 어머니를 곤란하게 하는 광경을 자주 봅니다. 어린아이는 마음이 순수하기 때문에 '뭐야?'라고 끊임없이 질문합니다.

그러나 어른이 되면, 이미 충분히 알고 있다는 기분이 들어서 '무엇'이라고 묻는 것을 잊고, '어떻게 살까?', '어떻게 하면 좋을까?'라고만 고민합니다. '나 자신은 무엇인가?'를 묻지 않고, 자신의 생각대로, 자신의 욕망대로 인생을 산다면, 그것은 자신을 힘들게 하고 동시에 다른 사람을 괴롭힐 수 있습니다.

'무엇'이라는 추구의 대상은 '나'로부터 시작해야 하지만, 그것은 당연히 '타자', '자연', '우주'란 무엇이냐는 질문으로 발전해 갑니다. 다른 사람과 함께 있는 나이며, 자연 속에서 살아가는 나이며, 우주 속의 한 존재인 나이기 때문입니다.

아침에 깨어났을 때, '오늘 일정이 뭐였더라?'라고 하며 세속적인 것을 생각하는 것이 보통입니다. 하지만, 때로는 '나는 도대체 뭐지? 이 세계는 왜 이처럼 존재할까?'라는 철학적인 질문을 하지는 않나요?

생각해 보면, 실로 이 세계에 태어나서 존재한다는 것은 불가사의한 일입니다. 영원한 시간의 흐름과 무한한 공간의 확장 속에서, 지금 여기에 인간으로 태어난 것은 불가능한 것이 가능하게 된 사건입니다. 'UFO 같은 알 수 없는 물체가 비행했다.'는 사건보다도, 지금 여기에 내가 태어났다는 불가사의함을 강하게 자각하고 실감하지는 않습니까?

눈이 보인다는 것은 굉장하며, 또한 불가사의하기도 합니다. 원자·분자로 구성된 눈과 원자·분자로 구성된 사물이 인식 관계를 이루자마자 거기에 시각이라는 마음이 생겨나, 산과 냇가와 같은 자연을, 또 별들이 빛나는 하늘을 볼 수 있습니다. 반복합니다만, 눈이 보인다는 것은 불가사의한 사건 이외에 어떤 것도 아닙니다. 그런 눈을 가지고 시각을 발생시키는 그 자신은, 그리고 그 자신에 의해 인식된 자연은, 우주는 도대체 무엇이냐는 질문의 원점으로 돌아가서 진지하게 물어보지 않겠습니까?

세상은 실로 험난합니다. 이러한 세상에 태어난 이상 많

'무엇'에서 '어떻게'로

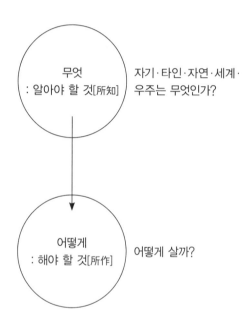

소지(所知)는 '알아야 할 것'
소작(所作)은 '해야 할 것'
궁극적으로 알아야 할 것은 진여(眞如)
궁극적으로 해야 할 것은 중생제도(衆生濟度)

은 고통에 직면할 수밖에 없습니다. 인생은 바야흐로 태어나서 늙고 병들어 죽는 4가지 고통[四苦]의 연속이라고 말할 수 있을 겁니다. 그 고통을 극복하지 못하는 사람도 적지 않습니다. 그래도 '뭐지? 뭐지?'라고 추구하는 마음을 계속해서 가진다면, 어떠한 역경에 처할지라도 굴하지 않을 것입니다.

'어떻게 살 것인가?'라고 묻기 전에 동심으로 돌아가서 '뭐지? 뭐지?'라고 물어 봅시다. 때로는 마음속으로 '도대체 무엇인가!'라고 외쳐 봅시다. 그 외침은 심층에 잠긴 보편적인 의지에 파동을 일으켜 눈을 뜨게 하고, 필시 '좋아, 살 거야!'라는 용기가 솟아나게 할 것입니다.

한 사람 한 우주

우리는 자신의 바깥에 세계가 있고, 거기에 타인이, 사물이, 자연이, 그리고 우주가 있다고 생각하고 있습니다. 그러나 과연 이 생각이 맞는 것일까요?

결론부터 말하면, 이 생각은 틀렸습니다. 왜냐하면 우리는 각각 자신의 세계를 만들고, 그 속에서 갇혀 있어서, 그곳을 빠져나올 수 없기 때문입니다.

세계에는 구체적인 세계와 추상적인 세계가 있습니다. 전자는 개개인이 스스로 만들어 낸 세계입니다. 우리는 공통의 같은 세계 속에서 살고 있다고 생각합니다. 그러나 결코 그렇지 않습니다. 개개인이 자신의 우주 속에 갇혀 있는 것입니다.

예를 들면, 기분이 좋지 않으면 이제 어두운 세계가 됩니다. 손가락에 가시가 박혀 있으면 짜증나는 세계가 됩니다. 다른 사람은 그 기분을 직접 느낄 수 없습니다.

에고(ego)가 있는 한, 구체적인 세계에서 벗어날 수 없습니다. 그런데, 왜 우리는 지금까지 빠져나간 적이 없는데, 자신의 '바깥'이라고 하는 것일까요? 어쩌면, '바깥'이라고 하는 것은 말에 불과한 것이 아닐까요?

어쨌든, 바깥세상이 있다고 하더라도, 그것은 말로 표현되고, 게다가 인간끼리 그것이 존재할 것이라고 서로 인정한 이른바 추상적 세계에 지나지 않습니다.

모든 것은 자신의 마음속에 있습니다. 가령, 인간이 몹시 집착하는 대상인 돈을 예로 들어 생각해 봅시다. '여기 돈을 본다. 그에 대해 나는,

① 돈은 나 자신을 떠나서 존재하며,

② 보는 그대로 돈이 있다.'

고 생각합니다만, 과연 이 생각은 옳은 것일까요? 결론부터 말하면, 그것은 착각에 불과합니다. 확실히 뭔가 있을지도 모르지만, 이미 지적했듯이 나는 내가 만든 세계 속에 갇혀서 그 밖으로 빠져 나갈 수 없기 때문에, 밖에 있는 그 무엇인가를 직접 보는 것도 접촉하는 것도 불가능합니다. 따라서 내가 지금 이렇게 보고 있는 '돈'은 내 마음속의 이미지라고 결론지을 수 있습니다.

마음의 상태가 변하면 그 이미지도 바뀝니다. 가령 내가 술을 마시고 취하면, 나에게 돈은 흐릿하게 보입니다. 그에 대해 다른 이는 내가 술을 너무 많이 마셔서 뇌의 기능이 비정상적이었기 때문이며, 나의 외부에는 원래 돈이 틀림없이 존재한다고 할지도 모릅니다. 하지만 술이 깨고 나서 정상으로 된 뇌가 만든 세계가 과연 정상적인 세계라고 할 수 있을까요?

분명히, 취기로부터 깨어난 눈과 뇌가 보는 세계가 정상이라고 말할 수는 있습니다. 그러나 그처럼 말할 수 있는 것은 우리 인간들끼리 말로써 '그것이 정상이군요.'라고 이야기하고 인정하는 한에서 정상이라고 할 수 있습니다. 우리는 '정상(正常)'과 '이상(異常)' 두 상태를 구별합니다. 그렇지만 그 두 가지밖에 알지 못하기 때문에, 그 가운데 어느 것이 정상이고 어느 것이 정상이 아닌지를 최종적으로 판단하는 것은 불가능합니다.

좌우간, 내가 보고 있는 돈은 내 마음속의 이미지인 것이 확실합니다. 지금 돈을 예로 들었습니다만, 돈뿐만이 아닙니다. 내가 인지하는 나라고 하는 '자신', 너라고 하는 '타인', 그 자신과 타인을 둘러싼 '자연', 그것을 모두 품고 있는 '우주'와 같은 것은 정말로 우리의 외부에 존재하는 것일까요? 그것도 돈의 경우처럼, 내가 구체적으로 인식하고 있는 자신·타인·자연·우주는 마음속의 이미지로 존재합니다.

정말로 우리는 '한 사람 한 우주'라서 자신의 바깥으로 나갈 수 없습니다.

그렇다면, 왜 자신의 바깥으로 나갈 수 없는 것일까요? 답은 간단합니다. 자신에게 이기심이 있기 때문입니다. 나, 자신, 자기라고 하는 이기심이 있는 한 자신의 마음으로부터 벗어날 수 없기 때문입니다. 그래서 자신의 행동이 언제나 자기중심적·이기주의적으로 될 수밖에 없습니다. 우리는 다른 사람을 위해 좋은 일을 했다고 생각하지만, 그것은 사실 자신을 위해서 한 일입니다.

사람을 사랑한다는 것을 반성해 봅시다. 우리는 정말로

한 사람 한 우주

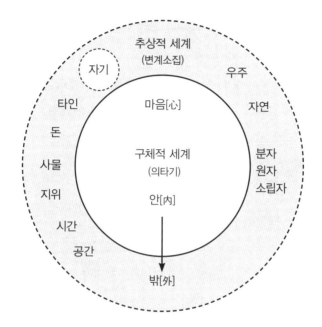

아집 _ 자기에 대한 집착. 이것이 있기 때문에 번뇌가 생긴다.
변계소집성 _ 언어로 발설되어 집착된 것. 결코 존재하지 않는 것.
의타기성 _ 마음. 인과 연에 의해 생기는 것들.

외부세계에 있다고 생각하는 돈, 사물, 시간, 공간, 우주, 자연 또는 소립
자 등은 정말로 존재하는 것일까. 조용히 마음속으로 관찰해 보자.
위의 도식 가운데 '자신[자기]'은 '자신은 ~이다'라고 생각되는 자신, 대
상화된 자신이다.
'타인'은 '좋다, 싫다' 등으로 채색된 타인이다.

사리사욕 없이 타인을 사랑한다고 할 수 있을까요? 잘 생각해 보면, 타인을 사랑하고 있는 자신을, 타인이 사랑해 주길 바라는 이기적인 마음이 작용하고 있음을 발견합니다. 길을 걷다가 다른 사람과 부딪칠 것 같을 때, 될 수 있으면 상대가 비켜 주길 바라는 마음이 생깁니다. 전철이 플랫폼에 들어올 때 문이 열리면, 내가 먼저 자리를 차지하기 위해 갑니다. 거기에는 이기적인 마음이 전개되는 것 이외에 어떤 것도 없습니다. 정말로 우리는 이러한 삶의 방식을 지속하는 것이 좋을까요?

'나'는 정말로 존재하는 것일까

'자기', '자신', '나'라는 것은 정말로 존재할까요?

우리는 나라는 것이 있다고 생각해서 그 '나'를 중심으로 생각하고 행동합니다만, 그러한 나는 과연 존재할까요? 결론부터 말하면, '나'라는 말의 울림이 있을 뿐입니다. 이 사실을 깨닫게 하기 위해서, 저는 최근에 다음과 같은 문답을 시도하고 있습니다. 우선 손을 예로 들어,

"그 손은 누구의 손입니까?"

라고 질문하면, 누구나가

"이것은 나 자신의 손입니다."

라고 답합니다. 거기에 더,

"손은 확실히 눈으로 보고 그 존재를 확인할 수 있습니다만, 당신이 지금 말한 나라는 단어가 가리키는 것이 있는지 어떤지 관찰해 주세요."

라고 말합니다. 그러면 상대는 가만히 생각하기 시작합니다만, 좀처럼 대답이 돌아오지 않습니다. 대답이 궁해집니다. 왜냐하면, 말은 반드시 무언가를 가리켜야 하는데, 이 '나'라고 하는 말에 대응하는 것을 결코 발견할 수 없기 때문입니다.

상대와 마주보고 다음과 같은 질문을 하나 더 해 보겠습니다.

"눈을 감으세요. 그리고 떠 보세요. 제가 보이나요? 누가 저를 보고 있나요?"

라고 질문하면,

"나 자신이 보고 있습니다."

라고 대답합니다. 그때 또, 손의 경우와 같이, 나라고 하는 말에 대응하는 것을 찾아봤지만, 상대는 그러한 것을 발견할 수 없습니다.

이런 문답으로부터 우리는 '나'라는 말의 울림이 있을

뿐이라는 사실을 쉽게 깨달을 수 있습니다. 있는 것은 손, 발, 몸, 더 나아가 보고 있다고 하는 시각의 작용뿐인데, 이들에 대해 본래 존재하지 않는 '나'라는 말을 부여해서 '나의 손발', '내가 본다.'고 생각해 버리는 것입니다. 참으로 사실과 어긋난 무리한 행동이 아닐까요?

조금 더 예를 들어 생각해 봅시다.

예컨대, 피라미드를 앞에 두고, '피라미드는 있다.'라고 합니다. 그러나 있는 것은 그것을 구성하고 있는 돌뿐입니다. 게다가 그 돌들을 분석하면 모래로, 모래는 분자·원자로, 그리고 마지막에는 소립자만 있게 됩니다. 그런데도 우리는 시각의 데이터와 언어로써 '피라미드'라는 것을 설정하고 그것이 실체라고 생각해 버립니다.

이와 마찬가지로, '나'라는 것도 깊이 생각해 보면, 구성 요소인 '신체'와 '마음'만이 있을 뿐입니다. '신체'도 돌과 마찬가지로 마지막에는 소립자로 환원되어 버립니다. 그것은 셀 수 없을 정도로 많은 소립자의 집합체입니다.

또, '마음'에도 여러 종류가 있으며, 이 순간의 마음은 많은 마음의 복합체라고 할 수 있겠지요. 그런 임시적인 집합체에 대해, 어딘가에서 흘러나오는 '생각'과, 그리고 또한 내부에서 솟아나는 나라는 '말'에 의해, 나라는 것이 실체로서 있다고 생각해 버립니다.

　최근의 양자역학에 의하면, 물질의 최소단위인 소립자, 예를 들어 전자는 크기를 가진 실체로 존재하지 않는다는 것을 알게 되었습니다. 확실히 거시 세계에서는 자신과 타자는 다릅니다. 그러나 그것은 다르다고 믿는 것일 뿐이며, 깊은 미시적 존재의 영역에서 본다면, 어떠한 실체적 차이도 없어지고 맙니다.

　'마음'이라 하더라도, '나의 마음'이라고 불러야 할 마음이 있는 것일까요? 원래 마음에는 색도 형체도 없습니다. 또 마음은 소위 촛불, 흐르는 시냇물처럼 순간순간 생겨나고 사라지는 마음만 있습니다.

　이처럼 물질에도 마음에도 다만 그치지 않고 변하는 제행무상(諸行無常)의 특성을 가진 구성요소가 있을 뿐인데, 그 흐름을 막고 그것을 '나의 것'이라고 주장할 권리가 과연 우리에게 있는 것일까요?

　조용히 생각해 봅시다. '존재하는 것은 다만 신체, 다만 마음뿐이고, 나의 신체, 나의 마음이라고 생각하는 나 따위는 존재하지 않는다.' 이 사실을 사실로서 인식할 때, 우리의 세계관·인생관이 크게 달라집니다.

단지 찰나에 생멸하는
구성요소가 있을 뿐

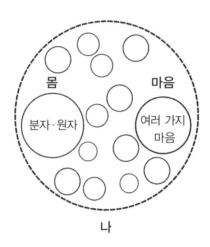

나

과연 점선의 '나'는 존재하는가?

원자·소립자는 파동과 입자 2가지 성질을 가진다(양자론).

마음에는 색도 형태도 없다.
마음은 찰나에 생멸한다.

자신[我]은 존재한다고 해도, 그것은 여러 구성요소[法]가 모여서
형성된 임시존재[假和合]에 지나지 않는다.

부파불교(部派佛敎) - 나는 없지만 법은 있다고 본다[我空法有].
유식사상(唯識思想) - 나도 법도 없다고 본다[我空法空].

살아 있다는 것의 신비

눈을 뜨고 봅시다. 신록의 산들, 그 위로 펼쳐진 푸른 하늘, 얼마나 아름다운 자연이 눈앞에 펼쳐져 있는가! 정말 눈이 보인다는 것은 고맙고, 신비로운 일입니다.

이 신비롭다는 말은 원래 불교 용어로 '생각할 수 없다'라는 의미를 가진 산스크리트어 아찐티야(acintya)의 한역입니다. 정확히는 불가사의(不可思議)라고 번역되며 생각할 수도, 말로 표현할 수도 없다는 뜻입니다.

그런데, 왜 눈을 뜨면 색이나 형태가 보이는 것일까요? 예를 들면, 아름다운 신록도 원자·분자로 구성된 '물질'이며, 눈이라는 감각기관 역시 원자·분자로 구성된 '물질'입니다. 그러한 '물질[신록]'과 '물질[눈]'이 서로 만날 때, 왜 신록을 보는 시각이라는 '마음'이 생겨나는 것일까요. '물질'과 '물질'에서 마음이 생깁니다. 이것은 아무리 생각해도 알 수 없습니다. 모르지만, 지금 시각의 마음이 작용하고 있다는 것은 사실입니다.

이처럼 '왜?'를 생각해도 해결할 수 없는 사실에 대해 우리는 '신비하다'라는 형용구를 사용하지 않을 수 없습니다.

본다고 하는 시각뿐만이 아닙니다. 이렇게 몸과 마음을

가진 살아 있는 것, 게다가 인간으로 살고 있는 것은 정말 신비합니다.

대학의 토론 수업에서 '생명은 왜 소중한가?'라는 주제에 대해 논의했을 때, 하나의 답으로 '생명은 드물기 때문에 소중하다.'라는 의견이 나왔습니다.

분명히 생각해 보면, 광대무변한 우주에서 이 지구상에 생명이 태어났다는 것 자체가 드문 사건입니다. 잇달아 발사된 우주탐사선은 유성(遊星)을 가리고 있던 장막을 벗기고 그 본모습을 지구에 전해 주고 있습니다. 그 결과, 적어도 태양계에는 지구 이외에 생명이 존재하지 않는 것이 판명되었습니다.

'생명은 드물기 때문에 소중하다.'라는 이 판단은 설득력이 있습니다. 대부분의 학생들도 이 판단에 다른 의견을 제기하지 않았습니다. 그것은 '드문 것은 소중히 하고 싶다.'는 감정 또는 의지가 모두에게 공통으로 있기 때문이 아닐까요? 물론 드물어도 소중히 할 필요는 없다고 생각할 수 있습니다. 사실, 어떤 학생이 "지구상에 생명이 태어난 것은 생명이 생기기 위한 조건이 우연히 모인 것에 지나지 않는다. 생명은 우연히 발생된 것에 불과하기 때문에 소중히 할 필요가 없다."는 의견을 제시했습니다. 이것은 '희소라는 개념에 '우연'이라는 다른 한 개념을 이용하여 생각한 것인데, 이것에도 일리가 있습니다.

그러나 이것은 어디까지나 그런대로 타당하다고 생각되는 이치에 지나지 않습니다. 다른 학생이 "우연한 사건이라도 드문 한, 소중히 여겨야 한다."는 반론을 제시했습니다. 아무래도 이렇게 되면, 단순히 개념 조작에 불과한 논란에 빠져 버린 느낌입니다.

저는 이처럼 '소중하다', '소중하지 않다'라고 가치판단을 내리기 전에, 앞에서 말했듯이, 눈이 보인다는 사실을 사실로서 강하게 자각하는 사실판단을 할 필요가 있다고 생각합니다. 판단에는 '사실판단'과 '가치판단' 두 가지가 있습니다만, 우선해야 할 일은 사실판단입니다. 판단이라고 해도, 그것은 지적인 판단이 아닙니다. 눈이 보인다는, 넓게는 살아 있다는 사실을 이제 이치를 따지지 말고 체험하는 것입니다. 그것에 완전히 몰입하는 것입니다.

내가 살아 있다는 불가사의한 사실을 사실로서 강하게 맛보고 자각할수록 '자각하는 새로운 자신'이 거기에 명확히 나타납니다. 그리고 그때, 그 새로운 자신은 살아 있는 또 한 사람인 자신을 경이의 대상으로 바라봅니다. 그리고 그 경이심은 경외감이 되고, 그것이 감사하는 마음이 되어,

사실판단에서 가치판단으로

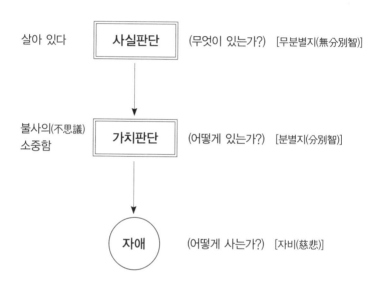

살아 있다 · 사실판단 · (무엇이 있는가?) · [무분별지(無分別智)]

불사의(不思議) · 가치판단 · (어떻게 있는가?) · [분별지(分別智)]
소중함

자애 · (어떻게 사는가?) · [자비(慈悲)]

시각[안식(眼識)]의 보는 작용에 몰입해서 아는, 즉, 무분별지로 아는 것을 반복함으로써 사실이 보이게 된다[제관(諦觀). 제(諦)는 산스크리트어 싸티야(satya)의 번역. 지금 있는 그대로의 것이라는 의미. 시각도 지금 있는 그대로의 것이다]. 그것에 의해서 어떻게 있는가[불사의(不思議)]를 알며, 그 결과 어떻게 사는가[자비행(慈悲行), 이타행(利他行)]가 전개된다.

최종적으로 사람들에 대한 자애의 마음, 자비의 마음이 됩니다. 도대체 '무엇인가?'라는 사실을 안다면, 필연적으로 '어떻게 살 것인가?'라는 문제가 해결됩니다. 그것은 '사람들을 소중히 여기는 삶'일 것입니다.

때로는 눈을 감거나 떠 봅시다. 거기에 일어나는 사실을 확실히 관찰하고 맛보는 조용한 시간을 가져 봅시다.

죽어서 살아나다

『금강반야경(金剛般若經)』에,

"중생은 중생이 아니기 때문에 중생이다."

라는 말이 있습니다. '살아 있는 것은 살아 있는 것이 아니기 때문에 살아 있는 것이다.'라는 의미이지만, 이것을 일반화하면,

'A는 A가 아니기 때문에 A이다.'

라는 논리가 됩니다. 이것은 형식논리학에서 보면 성립하지 않는 논리입니다. 그러나 이것은 살아가는 데 매우 소중한 용기를 주는 실천적인 논리입니다.

저는 이 논리는 존재가 한 번 부정되어 다시 제자리로 돌아가면 진짜 존재가 된다는 것을 말하고 있다고 생각합

니다. '진짜'라는 차가운 표현으로 말해서는 안 될지도 모릅니다. 차라리 '충실한' 존재가 된다고 해야겠지요.

이에 대해, 전에 세미나에서 한 학생으로부터 들은 이야기를 소개하겠습니다.

등산 동아리 사람들과 등산을 하고 있을 때, 한 선배가 벼랑 끝에서 발을 헛디뎌 골짜기로 떨어졌다고 합니다. 운 좋게 그는 곧 아래의 나뭇가지에 걸려 매달린 상태가 되었다고 합니다. 물론 떨어지면 수십 미터 아래의 계곡에서 죽음이 기다리고 있었지요. 그런 상태에서 그는 후배들의 노력으로 위로 끌어올려져 무사히 생명을 건졌다고 합니다. 이후 그 선배는 천천히 바위에 걸터앉아 후배로부터 얻은 담배에 불을 붙여 피우면서 "아, 정말 맛있구나."라고 말했다고 합니다.

그는 살아 있는 상태(A)가 한 번 부정되고(非A), 다시 살아 있는 상태(A)로 돌아와 담배를 피우면서, 그때까지 맛보지 못했던 삶의 충실감을 그런 말로 표현했던 것입니다.

이 이야기의 내용은 살아 있는(=A) 학생이 거의 죽을 뻔한(=非A) 경험을 하고 다시 살아 있는(=A) 상태로 돌아왔을 때, 그는 짧은 시간 사이에 크게 자신의 진면목이 바뀌어 충실한 삶을 맛보았다는 것입니다. 좀 과장될지 모르겠지만, 그는 '진짜로 살아 있는' 상태가 되었다고 말할 수 있겠지요.

마침 벼랑에서 떨어진 것을 계기로 A-非A-A의 논리가 전개되었지만, 이것만이 아닙니다. 넓게 말하면, 우리가 자기 삶의 상태를 한 번 부정하고 다시 원래로 돌아갈 때, 거기에 새로운 자기가 현성(現成)합니다. 이에 대해 제 머리에 떠오른 것이 백운 선사의 다음과 같은 말입니다.

"젊은이들이여, 죽기 싫으면, 지금 죽어라. 한 번 죽으면, 다시는 죽지 않을 것이다."

정말로 우리는 죽는 것이 두렵습니다. 자신의 죽음에 대한 생각이 불안으로 나타납니다. 그 불안감에서 기독교의 "신이 인간을 무에서 창조했다."는 생각이 생긴 것일까요? 하이데거는 "인간은 무(無) 속에 매달려 있는 존재이다."라고 했습니다.

그러나 이러한 무, 즉 '허무'만이 무의 상태일까요? 백운 선사의 말을 믿고, 살면서 한 번 죽어 봅시다. 그러면 허무가 아니라 내용이 충만한 '실무(實無)'를 체험할 수 있고, 자기의 죽음을 근본적으로 해결하게 된다고 백운 선사는 우리를 격려하고 있는 것입니다.

그렇다면 어떻게 해야 살면서 죽을 수 있을까요? 이를

살면서 죽어 보다

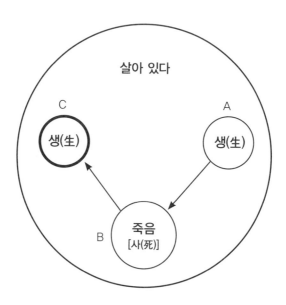

A - **세간지** (세상 속에서 유·무, 생·사 등을 분별하며 산다)
B - **근본무분별지** (근본진리인 진여를 보는 지혜)
C - **후득청정세간지** (다시 세간으로 돌아와 사람들을 위해 사는 지혜)

석존의 삶에서 배워 봅시다.

석존은 출가한 후 6년간 바라문 스승 아래에서 고행을 했습니다. 그러나 아무리 해도 만족할 수 없어서 마지막 순간 고행을 그만두고 보리수 아래서 고요히 선정에 들었습니다. 거기서 새벽녘에 무상정각을 얻고, "도대체 무엇인가?"라는 물음을 최종적으로 해결했습니다.

석존은 '고(苦)도 아니고 낙(樂)도 아닌' 중도를 설했기 때문에 고행을 부정했다고 전해지지만, 저는 결코 그렇지 않다고 생각합니다. 저는 그 6년간의 고통스러운 수행이 자양분이 되어 무상정각이라는 멋진 깨달음을 얻었다고 생각합니다.

석존이 닦았던 고행 정도는 아니어도 좋습니다. 젊을 때에는 몸소 '도대체 무엇인가? 무엇인가?'라고 질문해 가면서 어려운 어떤 실천에 뛰어 들어가 보는 것이 어떨까요? 이제 더 이상 안 된다는 극한까지 갔을 때, '좋았어!' '크게 한 번 죽는다.'는 용기를 가지고 한 걸음 더 나갔을 때, 지금까지 깨닫지 못했던 새로운 자신이 거기에 드러납니다. 정말로 '나'는 매우 경이롭고 멋진 존재입니다.

2

'마음'을
관찰하다

마음은 화가와 같다

나는, 눈을 뜨면 여러 가지 '것'을 볼 수 있습니다. 가령, 거울 앞에 서면 내 얼굴이 거울에 비칩니다. 그리고 그것은 내 얼굴의 이미지이며, 그것은 나의 바깥에 있는 거울 속에 비친 이미지라고 생각합니다.

그러나 그것은 틀린 생각입니다. 왜냐하면, 보고 있는 얼굴은 내 마음속의 영상이기 때문입니다. 거울도 얼굴도 모두 내 마음이라고 하는 캔버스에 마음 자신이 그려 낸 그림에 지나지 않기 때문입니다.

지금 얼굴을 예로 들었지만, 내가 인식하는 모든 '것'은 내 마음속에 이미지로 만들어진 것, 그림으로 그려진 것입니다.

그렇다면 어떻게 마음이라는 캔버스에 그리는 것일까요? 거울에 비친 이미지를 예로 생각해 봅시다. 거울 앞에 서면, 내 얼굴이 비칩니다. 그 얼굴의 이미지는 내 의지와는 상관없이 반드시 나타납니다. 즉, 보지 않으려 해도 볼 수밖에 없습니다. 거기에는 나의 의지나 의도가 관여할 수 있는 어떤 것도 없습니다. 또한 관여하는 것이 불가능합니다. 거기에는 나의 의지를 초월한 뭔가 커다란 힘이 작용하고 있습니다. 그 큰 힘을 불교는 '연기의 힘'이라고 부릅니다. 유식사상에 의거해서 좀 더 자세히 말하면, 거울 앞에 선다는 조건[緣]을 얻고 거기에 연기의 힘이 작용합니다. 그리고 마음이라는 캔버스 위에 심층의 아뢰야식에 잠재하는 종자로부터 시각이라는 '감각'이 생겨, 그것이 거울의 이미지를 그립니다.

다음으로, 밑그림인 얼굴의 이미지에 색을 칠하는 것, 그것이 '생각'입니다. 예를 들면, 나는 얼굴을 보고 '꽤 늙은 얼굴이 되었군.'이라고 '언어'로 생각합니다.

이처럼 마음이라는 캔버스 위에, 지금 예를 든 '나의 얼굴'이 그려지는 것은 '감각'과 '생각'과 '언어', 이 세 가지가 협력해서 작용하는 것으로 밝혀졌습니다.

이 세 가지 중 이것(감각)도 한 사람 한 우주이므로 상상의 영역을 벗어나지 않겠지만, 아마 '감각'에는 그다지 개인적인 차이가 없을 겁니다. 그러나 '생각'에 이르러서는 개인차가 상당히 있습니다. 예컨대 벚꽃을 보고 무척 아름답다고 좋아하는 사람들이 있는 반면, 벚꽃을 보면 마음이 가라앉지 않아서 매화꽃이 더 좋다고 생각하는 사람들도 있습니다. 이처럼 그 사람의 심층에 존재하는 것에 따라서 생각은 바뀝니다. 지금은 꽃을 좋아하고 싫어하는 것으로 예를 들었지만, 문제는 감각으로 파악한 것을 탐욕, 분노 등의 번뇌라고 하는 생각, 정서로 색칠하는 것입니다. 사람을 만나면 그 사람을 미워한다는 생각을, 또 어떤 것을 보고 그것을 갖고 싶다는 욕망을 부여해 버리는 것입니다.

또 한 가지, '언어'는 그림을 그리는 것에 비유하면, 최종적으로 세세한 곳에 붓을 넣어 그림을 선명하게 완성하는 일과 같습니다. 정말로 '그것은 ~인 것이다.'라고 언어로 말한 순간에, 말한 '것'이 확실하게 인식됩니다.

이상과 같이 마음에 일어나는 복잡한 작용을 관찰해서, 유식학파는 마음이 모두 8가지로 있다고 하고, 다음과 같이 8식설을 세웠습니다.

① 오식(안식·이식·비식·설식·신식)
② 의식
③ 말나식(심층에서 작용하며 자아를 집착하는 마음)
④ 아뢰야식(근본심)

마음의 작용을, 지금 서술한 바와 같이, 그림을 그리는 것으로 예를 들면 다음과 같습니다. 맨 먼저 안(眼)·이(耳)·비(鼻)·설(舌)·신(身)의 오식(다섯 가지 감각)이 인식의 밑그림을 그리고, 의식이 개념적으로 사고해서 언어를 부여합니다. 우선 먼저 색을 칠해서 '무엇'으로 파악하고, 나아가서 표층적으로는 의식의 에고심이, 심층적으로는 그 속에 존재하는 말나식에 의한 에고심이 작용하여 그 '것'에 다시 색을 입힙니다. 그리고 이런 모든 마음을 생기게 하는 것이 근본심인 아뢰야식입니다.

마음은 바로 화가와 같은 존재입니다. 밖으로 흘러나가는 마음의 작용을 잠시 멈추고 마음속에 머물러서, 마음

• 도표 6 •

'감각'과 '생각'과
'언어'가 만들어 내는 세계

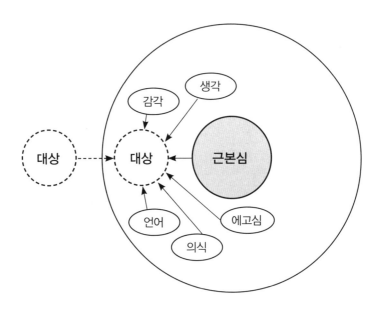

감각(전오식) ———— 안식·이식·비식·설식·신식(색·성·향·미·촉을
　　　　　　　　　　　감각한다)

의식(의식) ———— 언어를 사용해서 생각하는 작용

에고심(말나식) ———— 심층에서 작용하는 자아집착심

근본심(아뢰야식) —— 일체를 생겨나게 하는 가능성을 가진 마음(일체
　　　　　　　　　　　종자식)

생각(번뇌) ———— 번뇌(탐욕·분노 등)

이 여러 가지 '것'을 그려 내는 과정을 조용히 관찰해 봅시다. 그러면 '오직 마음 이외에는 존재하지 않는다.'는 이치가 보입니다.

모든 것은 꿈과 같다
– 꿈의 세계

우리는 깨어 있는 세계 또는 꿈의 세계 중 어느 한쪽에만 살고 있습니다. 현재, 우리는 꿈에서 깨어나 현실세계에서 살고 있다고 생각합니다. 저것은 꿈이었다, 비현실이었다고 꿈에서 깨어나 꿈을 되돌아봅니다.

하지만 과연 그걸로 괜찮을까요? 현재 이렇게 분명히 눈으로 보고, 귀로 듣고, 마음으로 생각하는 이 세계가 어쩌면 꿈의 세계는 아닐까요?

꿈 또는 생시, 이 두 세계밖에 우리는 알지 못합니다. 두 가지만 있습니다. 따라서 우리는 어느 쪽이 정말로 진짜로 존재하는 세계인지를 판단할 수 없습니다.

분명히, 현실이라고 생각하는 이 세계, 이것도 마음이 만들어 낸 꿈처럼 존재합니다. 이에 대해 일단 자연과학의 정보를 통해 그 증거를 대봅시다.

친구 중 하나가 원숭이의 뇌를 사용해서 시각 연구를 하고 있습니다. 하루는 그가 흥분에서 저에게 "반야(般若)의 공(空)을 실험으로 알았어요."라고 말했습니다. 그는 실험 결과, 예컨대 수평으로 움직이는 물체와 수직으로 떨어지는 물체를 파악하는 뇌세포 둘은 전혀 다른 세포군임을 발견했습니다. 그것으로부터 우리는 다음과 같이 결론을 내릴 수 있었습니다.

"내가 지금 보고, 듣고, 접촉하며, 생각하는 이 세계는 나의 수백만 수천만 개의 뇌세포가 함께 복잡하게 움직여서 만들어 낸 환영의 세계이다."라고.

반성 없이 생각하면, 우리의 마음은 말하자면 투명하고 새하얀 거울이며, 그 거울에 외부세계가 있는 그대로 비추는 것이라고 생각합니다. 그러나 그 생각은 엄청난 실수입니다. 모양이든, 색깔이든, 생각이든, 그리고 언어든 모두 내 마음속에 있는 영상이며, 만들어진 것이고 구성된 것입니다. 내가 인식한 세계는 화가가 캔버스 위에 붓으로 그림을 그리듯이, 내 마음속에 있는 여러 가지 회화 도구로 그려 낸 것에 불과합니다.

따라서 세계는 내가 인식한 것처럼 존재하지 않습니다. 세계는 환영과 같으며 꿈처럼 존재할 뿐입니다.

오다 노부나가(織田信長)는 오케하자마(桶狹間) 전투에서 앞의 작전이 패배했다는 소식을 듣고, "인간 세상 오십 년, 하천*에 비하면 덧없는 꿈과 같구나. 한 번 태어나 죽지 않을 자, 그 누구인가?"라고 노래하면서 춤을 추었습니다. 토요토미 히데요시(豐臣秀吉)도 죽음에 임박해서 "이슬처럼 떨어져 이슬처럼 사라질 나의 육신이여, 나니와(難波)**의 일도 꿈이었던가!"라고 읊었습니다. 그래도 죽음에 임박해서 처음으로 이렇게 노래할 것이 아니라, 지금, 여기에 살면서 평상심의 상태에서,

'모든 것은 꿈이다.'

라는 사실을 깨닫는 것이 중요합니다.

꿈이기 때문에, 환영이기 때문에 거기에는 어떤 변하지 않는 것이 없음을 깨달을 때, 모든 것에 대한 집착을 끊을 수 있습니다. 혹은 꿈이라 해도, 가능하면 꿈을 즐거운 꿈으로 만들기 위해 현실에 맞서 대처하는 사람도 있겠지요.

강의 시간에, "모든 것은 꿈이다."라고 말하면, 강의 후

---

* 역주_ 하천(下天): 불교에서 말하는 천상계의 가장 아래. 이곳의 하루는 인간계의 50년이라고 한다.
** 역주_ 지명(地名): 오사카(大阪)시와 그 부근의 옛 이름.

일생은 긴 꿈

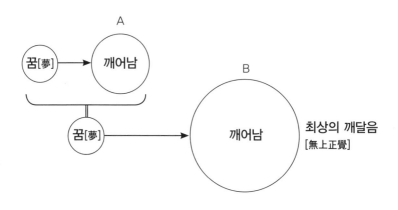

깨어남 A ──── 일상인[凡夫]의 깨달음
깨어남 B ──── 각자[붓다]의 깨달음

깨달은 자[각자(覺者)]의 지혜에 대해 여러 표현이 있지만 그 가운데
대표적인 것이 무상정각(無上正覺)이다.

에, "현재 이렇게 살고 있는 것이 꿈이라고 생각하면 무섭다."고 호소하는 학생이 있습니다. 그때 "꿈속에 있다고 생각하는 마음, 깨달은 마음, 그것은 확실히 있는 것은 아닌가?"라고 지적하면, 그 학생은 퍼뜩 깨닫습니다. 그렇습니다. '~이다'라는 사실에 대해 '알아차리는 마음'을 가지고 있다는 점에 인간의 위대함이 있습니다.

그러나 여기까지는 모두 머릿속의 개념 조작에 지나지 않습니다. '모든 것은 꿈이다.'라는 것을 진실로 깨닫기 위해서는, 석존처럼 붓다가 될 필요가 있습니다. 붓다(buddha)는 '깨닫다'라는 뜻의 동사 'budh'의 과거분사로 '깨달았다'는 뜻입니다. 곧 붓다는 진실로 깨달은 '각자(覺者)'입니다. 꿈에서 길고 긴 미혹의 밤으로부터 깨어났을 때, 비로소 지금 우리가 '꿈인가, 깨어 있는가?'라고 생각하는 세계 전체를 통틀어 그것이 꿈이었다고 진실로 깨달을 수 있게 되는 것입니다.

혼란스럽고 괴로운 이 긴 밤의 꿈에서 한시라도 빨리 깨어나라고, '붓다'라는 낱말은 우리에게 이야기하고 있습니다.

마음 깊은 곳에 존재하는 마음을 깨닫자!

– 일체를 형성하는 근본심

빙산의 일각이란 말이 있습니다만, 정말로 우리가 알아차리는 자신의 마음은 빙산의 일각이며, 마음은 더욱 더 크고 깊은 영역을 가지고 있습니다. 예컨대, 우리는 태어났을 때부터 지금 이 순간까지 경험했던 것에 대한 기억을 헤아릴 수 없을 정도로 많이 생각해 낼 수 있습니다. 그런데 이 방대한 기억의 정보는 어디에 저장되어 있는 것일까요?

또한, 아침에 잠을 깨면, 이른바 빅뱅처럼 '나'를 중심으로 한 세계가 갑자기 생겨납니다. 그중에는 나, 타인, 자연, 우주, 그리고 크게는 저 별들이 빛나는 하늘부터 작게는 소립자에 이르기까지가 존재합니다. 이처럼 광대하고 끝이 없는 세계를 만들어 내는 힘은 어디에 잠재하고 있는 것일까요?

또한, 인간은 계속해서 새로운 사실을 발견하고, 새로운 지식을 획득하며, 거기에 기초해서 새로운 기술을 개발하고 있습니다. 유전자 DNA에 대한 해독이 진전되고, 생명을 조작할 수 있게 되었습니다. 또, 우주정거장의 건설이 시작되고, 언젠가 인간은 우주로 진출해서 달과 화성에서 살 수 있겠지요. 이처럼 계속해서 새로운 것을 실현할 수 있는 가능성은 어디에서 잠자고 있는 것일까요?

또한, 우리는 현재 헤매고 있는 평범한 사람입니다. 저 석존도 젊었을 때에는 우리처럼 범부였지만, 수행의 결과 붓다가 되었습니다. 그렇지만, 수행은 어디까지나 조건[緣]이며 석존에게는 붓다가 될 원인[因], 곧 근본 원인이 잠재해 있었습니다. 이처럼 깨달은 사람이 되고, 혹은 훌륭한 행위를 할 수 있는 가능성은 어디에 존재하고 있는 것일까요?

이상과 같은 물음에 대해 유식사상은 그런 힘이 모두 마음 깊은 곳인 아뢰야식에 종자로 잠재해 있다고 생각했습니다.

아뢰야식은 이처럼 논리적으로 생각해서 그 존재가 가정된 것은 아니고, 요가행자가 수행을 통해 표층의 마음을 가라앉히고 내심(內心)에 잠겨 몸소 발견한 마음입니다. 이 아뢰야식에 대해 조금 더 자세히 생각해 봅시다.

'대상'에는 여러 속성이 있습니다. 요컨대, 사과에는 '둥근' 모양과 '빨간' 색이라는 속성이 있습니다. 이 속성을 내가 인식하는 것이지만, 그러한 속성은 바깥에 있는 사과 그것에 속한 것인가, 아니면 그것을 인식하는 내 마음속에 있는 것인지가 문제가 됩니다. 이에 대해, 영국 경험론의 대표 철학자인 로크는 사물의 속성을 제1차적 속성과 제2차적 속성으로 구분했습니다. 그리고 전자(1차적 속성)는 외계에 있는 사물 자체에 필연적으로 속하며, 그것 없이는 어떤 사물의 존재도 생각할 수 없다고 보았습니다. 그리고 그러한 성질로 연장(延長)과 불가입성(不可入性), 운동과 정지, 도형과 수 등을 생각했습니다. 후자(2차적 속성)는 주관적인 성질을 말하며, 색·소리·냄새·맛 등과 같은 감각이 이에 속한다고 주장했습니다.

인도불교에는 이미 기원후 3~4세기경부터 '사물의 속성은 바깥에 있는가?', '내부에 있는가?'에 관한 논의가 학파 간에 격렬하게 전개되었습니다. 그렇지만 유식파는 모든 '사물'과 그 '속성'은 모두 마음속에 있으며 아뢰야식으로부터 만들어진 것이라는 견해를 가지고 있었습니다.

로크의 설에 반대해서, 버클리는 외부세계에 사물 자체는 존재하지 않으며, 있는 것은 다만 마음(spirit)과 마음속의 관념(idea)뿐이라는 주관적 유심론을 제시했습니다. 버클리의 견해는 유식사상에 가깝지만, 그가 신(god)이라는 실재를 세우고 있다는 것이 가장 큰 차이점입니다. 완전한 유심론의 한 가지 문제점은, 모든 것이 마음속의 관념이라면 산이나 냇가라는 자연은 내가 보고 있지 않을 때에는 존재하지 않느냐는 문제가 제기됩니다. 이에 대해 버클리는 자신이 보고 있지 않을 때에는 자연 관념이 신(神) 안으로 돌아와 있다고 주장합니다.

신이라는 초월자를 인정하지 않는 유식학파는 이에 대해서 어떻게 생각할까요? 나중에 자세히 서술하겠지만, 유식사상은 심층의 아뢰야식이 자연을 만들어 내는 동시에 만들어 낸 자연을 항상 지속적으로 인식하고 있다고 주장합니다. 이 생각에 의하면, 자연에는 눈과 같은 감각이 파악한 자연과 아뢰야식이 마음 깊은 곳에서 계속해서 인식하고 있는 아뢰야식의 대상으로서의 자연 두 가지가 있게 됩니다.

아뢰야식은 자연뿐만이 아닙니다. 일체를 즉, 자신의 신체, 몸을 둘러싼 생활도구, 산과 강 등의 자연, 그 위에 멀리 있는 별 등 이른바 '사물'이라고 불리는 모든 것과 나아가 시각에서 촉각에 이르는 다섯 가지 감각(안식·이식·비식·설식·신식)과 사고하는 마음(의식), 즉 '마음[心]'이라 불리는 것 등과 같은 모든 것을 만드는 근본적인 마음입니다. 이처럼 아뢰야식은 일체 존재를 형성하는 식이기 때문에 '일체종자식'이라고도 부릅니다.

• 도표 8 •

일체를 형성하는 아뢰야식

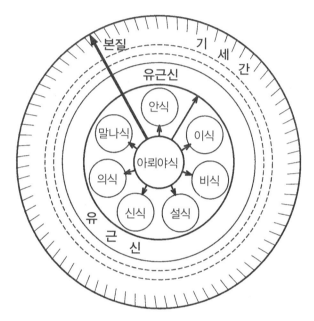

아뢰야식은 일체를 형성하기 때문에 일체종자식이라고도 한다. 유근신(有根身)은 신체이며, 근(根)은 안·이·비·설·신의 5가지 감각기관이다. 불교 신체관의 특징은 신체를 감각기관을 가진 것으로 파악한다는 것에 있다. 기세간(器世間)은 현대어로 산, 강 등과 같은 자연을 뜻한다. 자연관의 특징은 자연을 그 속에 생명이 있는 것(그것을 유정이라 하며, 그 세계를 유정세간이라고 한다)이 생존하는 그릇이라고 생각하는 것에 있다. 당연히 그릇이 깨지면 그 속에 있는 것도 계속 존재할 수 없다. 그런데 이 아뢰야식설에 의하면, 산, 강이라는 감각으로 파악되는 자연은 진정한 자연이 아니다. 그것은 그림에서 점선으로 된 원으로 표시되어 있는데, 그것은 이른바 2차적인 자연이다. 그속에 있는 아뢰야식으로부터 변화해서 만들어진, 아뢰야식이 스스로 지속적으로 인식하고 있는 대상이 진짜 자연이다. 그것을 본질이라고 한다.

자세한 설명은 생략하고 여기에 아뢰야식, 곧 일체종자
식의 작용을 제시합니다.

① 과거 업의 결과를 저장한다.
② 현재와 미래의 모든 존재가 생겨나게 한다.
③ 신체를 만들어 내고 그것을 생리적으로 유지한다.
④ 자연을 만들어 내고 그것을 계속해서 인식한다.
⑤ 생사윤회의 주체가 된다.

다음은 이에 대해 검토해 봅시다.
①에 대해서는 1장 〈업(業)은 불멸한다는 법칙을 믿자〉,
③에 대해서는 1장 〈마음은 후지산보다 클까〉, ④에 대해
서는 1장 〈'대상'은 언어가 마음 바깥에 만들어 낸 존재〉를
참조해 주십시오.

업(業)은 불멸한다는 법칙을 믿자

어떤 사람을 일단 미워하면 그 증오가 저절로 점점 심해
지는 경우가 있습니다. 나쁜 사건을 당하면 암울한 기분이
듭니다. 인간관계의 불화에 의해 스트레스가 생깁니다. 이

러한 것이 일어나는 것은 표층의 마음 상태, 즉 업이 어떤 영향을 그 행위자에게 남겼기 때문입니다.

그 영향이 심어진 장소, 그것이 있는 곳을 유식학파는 요가 수행을 통해 발견하고 그것을 아뢰야식이라고 명명했습니다. 그리고 아뢰야식에 심어진 영향을 식물의 종자로 비유해서 '종자'라고 이름을 붙였습니다.

종자는 또한 '습기(習氣)'라고도 불립니다. 습기의 습(習) 은 반복한다는 의미입니다. 습이라는 글자는 새끼가 어미 새의 나는 것을 보고 몇 번이고 날개를 파닥거리는 행동을 말한다고 합니다. 이처럼 반복했던 행위가 마음속에 심어 진 '느낌[기분(氣分)]' 또는 '남은 흔적[잔기(殘氣)]' 그것이 습 기라고 불리는 것입니다.

향주머니를 양복 안에 매달아 놓으면, 옷 전체에 그 향 이 배듯이, 표층의 마음 상태가 점점 심층으로 배어서 마음을 오염시키는 것, 그것을 '훈습'이라 부릅니다.

아뢰야식은 원어 알-라야·비즈냐-나(ālaya-vijñāna)의 음 역(音譯)입니다. 알-라야(ālaya)는 곳간·창고라는 뜻입니다. 따라서 '장식(藏識)'이라고 의역(意譯)됩니다. 즉 아뢰야식은 종자를 저장하는 식(識)이라고 불리게 되었습니다. 또 진제 삼장(眞諦三藏)은 '무몰식(無沒識)'이라고도 번역했습니다. 이것은 원어에 대한 해석을 다르게 한 것입니다. 진제는 원어를 알-라야(ālaya)가 아니라 알라야(alaya)라고 파악해서 사라지지 않는 마음으로 해석했습니다. 심어진 종자, 즉 과거 업의 결과는 절대로 소멸하지 않는다는 점에서 그렇게 번역한 것입니다. '과거의 업은 어딘가에 침몰해서 사라져 버리는 것이 아니다. 반드시 그것을 받아들여 유지하는 마음이 있다.' 그것이 무몰식이라는 것입니다. 이 생각도 중요합니다.

확실히, 질량보존의 법칙과 유사한 '업 불멸의 법칙'은 있습니다. 그것이 인간 행위에 작용하여, 찰나 찰나 드러나는 업 에너지는 결코 소멸하지 않고 잠재적 에너지로 아뢰야식에 저장됩니다. 그때 그 드러나는 에너지가 투명한 물처럼 맑으면 좋지만, 그 반대로 자신에 대한 집착, 즉 아집에 기인한 번뇌에 의해 흐려진 마음이므로, 그 영향을 받아서 아뢰야식도 점점 탁해지게 됩니다.

마음속에서 뭔가 나쁜 것을 생각합니다. 타인은 그것을 알지 못하기 때문에 괜찮다고 생각하고, 사람을 미워하고 싫어합니다. 그리스도교인은 성실합니다. 항상 신이 지켜보고 있기 때문에, 나쁜 것은 생각도 할 수 없습니다. 그러나 불교도는 '붓다의 얼굴도 세 번까지'라고 하듯이, 두 번까지는 허락해 줄 거야라며 나쁜 짓을 합니다. 그러나 이 정도, 이 정도라고 생각하는 찰나 찰나의 업이 심층의 자신을 오염시키고 있습니다. 아뢰야식이라는 이 '바구니'는 결코 그곳에 떨어지는 돌을, 즉 종자를 없애지 않고, 그러한 모든 것을 받아서 보유한다는 것을 이 무몰식이라는 개념은 가르쳐 주고 있습니다.

또 이러한 생각은 좋은 측면에서 업의 훌륭함을 가르치고 있습니다. 왜냐하면 순간순간의 노력, 매일매일의 정진은 반드시 멋진 결과를 가져온다는 것을 가르치고 있기 때문입니다. 또한 미래를 향해 생각해 볼 때, 아뢰야식에 심어진 종자는 그 속에서 성장하고 발전해서 미래에 조건[緣]을 얻어 다시 싹을 틔우게 될 것입니다. 따라서 아뢰야식 속에 있는 종자들 가운데 나쁘게 물든 종자를 없애고, 좋은 청정한 종자에는 영양분을 주어 자라도록 해야만 합니다. 그러면, 그렇게 하기 위해서 어떻게 하면 좋을까요? 이에 대해서는 후에 기술하겠습니다(제2장 〈자기변혁을 가져오는 두 가지 힘〉 참조).

이상과 같이, 표층의 마음 상태가 마음 깊은 곳의 아뢰야식에 반드시 결과를 종자로 심어, 그것이 또 미래에 표층의 마음으로 싹을 틔워 꽃을 피우는 일련의 인과적인 마

표층심과 심층심의 인과적 순환운동

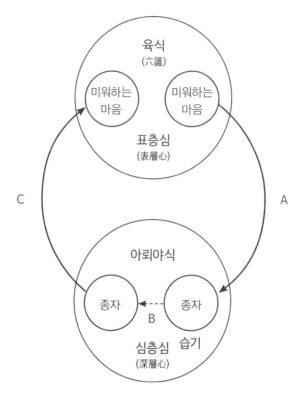

육식
(六識)

미워하는
마음

미워하는
마음

표층심
(表層心)

C

A

아뢰야식

종자

종자

B

심층심 습기
(深層心)

표층심의 6식을 '현행(現行)', 심층심의 아뢰야식을 '종자(種子)'라고 부른다. A의 인과를 '현행훈종자(現行熏種子)'(현행이 종자를 훈습한다). B의 인과를 '종자생종자(種子生種子)'(종자가 종자를 생겨나게 한다). C의 인과를 '종자생현행(種子生現行)'(종자가 현행을 생겨나게 한다)이라고 한다.

음의 순환을 '아뢰야식 연기'라고 합니다. 이것을 단순히 지식으로 알지 말고, 자기의 마음을 차분히 관찰하여 그러한 연기의 이치에 따라서 마음이 작용하는 것을 확인해 봅시다. 그러면 자신의 일상의 삶이 바뀝니다.

재현하는 힘의 대단함

– 인(因)과 연(緣)

저의 부모는 자신들이 음악에 흥미가 없었던 탓인지, 어린이인 저에게 항상 "너도 음악에 재능이 없을 거야."라고 지속적으로 말했습니다. 그 때문에 저는 클 때까지 음악과 예술에 약하고 재능이 없다는 생각을 해 왔습니다. 그러나 유식을 공부하고 나서 이런 생각이 크게 바뀌었습니다.

한 사람이 하나의 우주이며, 그 우주에 있는 모든 것은 자신의 마음이 만들어 낸다고 하는 교리를 알고, 그것이 사실이라고 확신하게 되었습니다. 요컨대, 베토벤이 작곡한 곡을 연주가들이 연주하는 것을 조건[緣]으로 해서, 그 곡을 제 마음속에 재현하고 있다는 사실을 알았기 때문입니다. 우리는 자신이 백지처럼 새하얗고 외부에서 전달된 음을 있는 그대로 받아들여서 듣는다고 아무렇지 않게 생각하지만, 결코 그렇지 않습니다. 귀라는 감각기관의 도움으로 내 마음속에 그 음과 곡을 재현하는 것입니다. 똑같은 곡의 음이 외부에 있을지도 모르겠지만, 그것을 조건으로 해서 각자가 다른 음을 자신의 마음속에 만들고 있는 것입니다.

따라서 어떤 사람이 듣고 있는 음악을 나는 결코 들을 수 없습니다. 콘서트가 끝나고 "오늘 멋진 연주였습니다!"라고 이야기를 나눌 수 있을지는 모르겠지만, 모두 다른 음과 음색을 듣고 있었던 것입니다.

음악뿐만이 아닙니다. 그림의 경우에도 마찬가지입니다. 모네가 그린 멋진 수련을 감상하면서 좋아할 때도, 모네가 과거에 그렸던 것을 조건으로 그 색과 모양을 자신의 마음속에 재현하는 것입니다. 우리는 베토벤이나 모네보다 음악이나 미술에 재능은 없어도, 그것을 재현하는 힘은 가지고 있습니다. 그 사실을 깨달을 때, 지금까지 안 된다, 안 된다고 생각해 왔던 자기 자신을 새로운 눈으로 직시하게 됩니다.

생각해 보면, 나는 광대한 우주 속의 보잘것없는 존재인지도 모릅니다. 그러나 나는 또한 모든 것을 만들 수 있는 멋진 존재일지도 모릅니다.

광활한 밤하늘에 있는 별들을 바라보던 일을 생각해 봅시다. 이백만 광년 떨어진 안드로메다 성운을 멀리 바라봅니다. 공기가 맑은 밤에, 안드로메다자리 쪽을 응시하면 희미하지만 육안으로도 안드로메다 성운을 확인할 수 있습니다. 아! 이백만 년 전의 빛이 지금 내 눈앞에 도달했다는 불가사의한 기분에 사로잡혀 감동합니다. 밤하늘의 별들을 바라보는 것은 정말로 과거를 보게 되는 일입니다.

그런데 그 감동의 기분을 자신에게로 향해 봅시다. 저 이백만 년 전의 안드로메다 성운의 영상을 마음속에서 재현하는 힘이 자신의 내부에 있기 때문입니다. 나는, 인간은 정말 훌륭한 존재가 아닐까요? 이제 자신에게는 음악과 예술적 재능이 없다는 생각에 사로잡혀 비굴하게 되지 맙시다. 정말로 불가사의한 인연에 의해 주어진 이 '나'는 그러한 모든 영역에서 재현하는 힘을 가지고 있다는 점에서 또한 훌륭한 존재인 것입니다.

분명히, 바깥에는 타인의 노력과 그 성과가 있습니다. 로맹 롤랑의 『베토벤의 생애』를 읽고 감동하지 않은 사람은 없을 것입니다. 저 제9번 교향곡 '합창'을 작곡했던 베토벤의 노력과 그것을 연주하는 연주가의 노력을 조건으로 해서 자신의 마음속에 제9번 교향곡을 재현할 수 있습니다.

재현하는 힘의 훌륭함

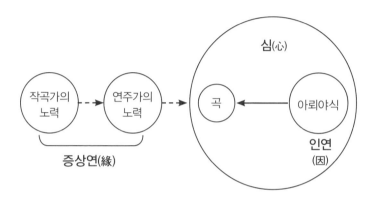

모든 현상[有爲]은 인과 연에서 생겨난다. 이것을 인연생기(因緣生起), 간략히 연기(緣起)라고 한다. 인과 연에는 다음과 같이 4가지가 있다.

인연이라고 할 때, '4연'의 인연과 '인과 연'으로서의 인연을 구별할 필요가 있다. 즉 4연 가운데 인연이 '인과 연' 중의 인에 해당한다. 유식사상의 특징은 4연 중에 인연, 즉 근본 원인으로서의 인이 모두 아뢰야식에 있는 종자라고 단정한다는 데 있다. 또한 위 도식을 검토해 보면, 증상연인 타인의 노력과 그 성과에 감사하는 마음이 일어난다.

그것이 가능한 것은 타인의 노력이 '조건[緣]'으로 있기 때문입니다. 그 조건을 자세히는 증상연(增上緣)이라고 부릅니다. 강력한 조건이라는 뜻입니다. 확실히 타인의 노력은 고마운 것입니다. 그러나 구체적으로 제9번 교향곡을 듣게 되는 것은 그것을 재현하는 힘, 즉 원인이 '자신'의 내부에 있기 때문입니다. 이 '자신'도 정말 강력하고 멋진 존재가 아닐까요?

빅뱅의 기억도 마음에 있다

얼마 전 신문에 백이십이억 년 전 우주의 모습이 마침내 포착되었다는 보도가 났습니다. 백이십이억 년 전의 영상인 것입니다. 정말 놀랍습니다. 그 안에 빅뱅 직후의 모습도 잡혔을지도 모릅니다. 만약 그런 영상이 포착되었다면 그것은 무엇을 의미하는 것일까요?

하나는, 마침내 인간이 우주의 기원을 영상으로 파악할 수 있다는 것입니다. 지금 보는 우주는 복잡하게 차별된(구별된) 세계입니다. 지구상에는 생물, 산천, 하늘, 땅이 있습니다. 광대한 우주에는 무수히 많은 성운이 흩어져 있습니다. 복잡하기 짝이 없는 차별의 세계입니다. 그러나 아득히 먼 저쪽, 백수십억 년 전 빅뱅 직후의 영상이 포착되었다는 것은, 그러한 차별세계의 근원인 보다 평등하고 보다 한결같은 세계를 볼 수 있게 된다는 것입니다. '근원적인 존재가 무엇인가?'를 알 수 있습니다.

또 한 가지 중요한 것은, 인간이 빅뱅 직후의 영상을 재생하고 재현할 수 있는 능력을 가지고 있다는 것입니다.

지금 이 순간 이미 백수십억 년 전의 사건은 당연히 사라지고 있습니다. 그것을 현재 이 순간에, '내'가 인식할 수 있다는 것은 무엇을 의미하는 것일까요? 물론 나의 '바깥'에서 '빛'이 눈에 도달해 그 자극을 받아들여, 각막 또는 뇌세포가 복잡하게 작용해서 나의 마음속에 과거 우주의 모습이 재생되었다고도 말할 수 있겠지요. 이 경우 비록 빛이 있고 그것이 내 눈에 도달했다고 해도, 내 마음에 그것을 재현하는 힘이 없다면 그 영상은 결코 내 마음에 생겨날 수 없습니다. 그것이 가능한 인간은 얼마나 훌륭한 능력을 가진 존재인가요?

이제부터 '인간은 일체를 형성할 수 있는 힘을 가진 존재이다.'라고 말할 수 있습니다. '일체'라는 것에 주목해 봅시다. 유식사상에서 심층심인 아뢰야식을 달리 '일체종자식'이라고 합니다. 식물의 종자가 싹, 줄기 혹은 잎과 열매를 형성하듯이, 우리 각각의 마음 깊은 곳에 있는 근본심, 즉 아뢰야식에는 식물의 씨앗에 비유된 '사물을 형성할 수 있는 힘'이 잠재되어 있습니다. 게다가 그것은 일체를 생기게 하는 힘이라고 합니다. 인간과 분리해서 신의 존재를 설명하는 기독교에는 어디에도 없는 생각입니다. 하지만 당분간 사실을 사실로 관찰해 봅시다.

확실히 나의 바깥에 '무엇'인가가 있을지도 모릅니다. 그래도 내가 직접 스스로 감각(感覺)하고, 지각(知覺)하고, 사고하는 '대상'은 모두 내 마음속에서 생겨납니다. 더 정확히 말하면, 나의 마음이 그려 낸 영상입니다. 요컨대, 나는 '사과'를 '둥글고 빨간 사과'라고 인식합니다. 그때 그 '둥근' 모양도 '빨간' 색도 '사과'라고 하는 명칭도 모두 나의 바깥에서 부여된 것이 아니라, 내 마음속에 있는 소위 '틀', '형식'으로 그것을 구성한 것일 뿐입니다.

120억 년 전 우주의 영상에 대한 이야기로 되돌아가겠습니다.

그 영상도 또한 사과처럼 자신의 마음이 그려 낸 '그림'입니다. 그렇다면, 망원경으로 파악된 '조건[緣]'에 의해 그것이 내 마음속에 생겨나기 전에는, 그 영상을 형성할 수 있는 힘은 어디에서 잠자고 있는 것일까요? 유식사상에서

인간은 훌륭하면서 동시에 무서운 존재이다

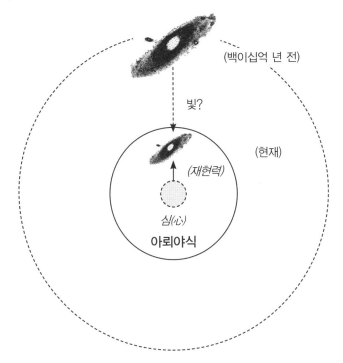

(백이십억 년 전)

빛?

(재현력)

(현재)

심(心)

아뢰야식

현재 (한 사람 한 우주인) 내가 120억 년 전의 사건을 인식할 수 있는 것은 무엇을 의미하는가? 물론, (과학적으로는) 외계에 있다고 여겨지는 '빛'이 120억 년 걸려서 현재 내 눈에 도달했다고 생각할 수 있다. 그러나 현재 내가 120억 년 전 사건의 영상을 내 마음속에 재현할 수 있다는 것은 무엇을 의미하는가? 현실로 재현할 수 있으므로 (유식학적으로는) 나는 그 재현력을 내 마음(아뢰야식)속에 가지고 있던 것이 된다. 우주론과 관찰 기술의 발달이라는 '연(緣)'에 의해, 내 안에 잠재되어 있던 '인(因)'이 구체적으로 싹을 틔웠다고 할 수 있다.

는 '그것은 종자로서 아뢰야식에서 잠자고 있다.'고 말할 수 있겠지요. 이렇게 현대 우주 천문학은 점점 바깥을 향해 계속해서 관찰하고 있습니다. 그러나 그것이 '연(緣)'이 되어 우리 심층의 가능력(可能力)인 '인(因)'을 꺼내 꽃을 피우고 있다는 사실도 잊지 말아야 합니다.

정말로 우리의 마음은 불가사의한 존재입니다. 그것은 훌륭하면서도 또한 무서운 존재입니다. 왜 무서운 것일까요? 그것은 살생 무기인 원자폭탄을 만들었기 때문입니다. 또한 유전자를 구성하는 DNA에 대한 해독이 진행되면서 생명을 조작할 수 있기 때문이며, 조만간 복제인간도 만들어 낼 것 같기 때문입니다. 이처럼 무서운 존재인 인간관은 후에 논하고자 합니다(제2장 〈'어떻게' 살아야 할까〉 참조).

심층에서 작용하는 두 가지 자아집착심

모든 사람은 '자신', '나'라는 의식을 가지고 있습니다. 손을 보고 '내 손'이라 하고, 눈으로 보면서 '내가 본다.'고 생각하며, 사람들에게 바보 취급을 받으면 '나는 바보 취급을 당했다.'고 화를 냅니다. 그러나 우리는 이미 그러한 '나'는 존재하지 않는다는 것을 확인했습니다.

불교의 '무아' 사상은 결코 신앙의 대상이 아니고 사실입니다. 그러므로 '무아가 되라.'가 아니고 '무아이다.'라고 말해야만 합니다.

이처럼 자신은 존재하지 않는데, 우리는 '자신, 저, 나'라고 생각하고 끝까지 우깁니다. 표층에서 '자아'를 의식하는 것은 쉽게 알 수 있습니다. 사람들 앞에 서면 자신을 의식하고 긴장합니다. 역에 전차가 들어오면, '좋아, 나는 앉아야지!'라며 앞을 다투며 좌석으로 몰려갑니다. 무언가에 이기면 자신이 우세하다고 자만하게 됩니다. 이처럼 자신을 의식하게 되면 끝이 없습니다.

그러면, 자신은 본래 존재하지 않는데 왜 이처럼 자신에게 구애되어, 그것에 집착하는 것일까요? 유식사상은 그 이유가 '말나식'이 있기 때문이라고 답합니다.

말나식은 잠들어도 깨어 있어도, 혹은 생사윤회를 하는 한 내부를 향해서 '자기, 자신'이라고 계속해서 집착하는 마음으로 정의됩니다.

생각해 보면, 만약 이처럼 집요하게 달라붙는 자아에 대한 집착심이 없다면, 표층에서 '제가, 자신이, 내가'라고 우기는 일은 없을 것입니다. 무엇을 생각해도, 무엇을 해도, 거기에 '자신'이 나타났다가 사라집니다. 그것은 물이 끓어서 솟구치고 있는 주전자에서 물거품이 나왔다 사라지는 것과 같습니다. 그 끓어올랐던 물에 비유되는 것이 말나식입니다.

말나식도 아뢰야식처럼 심층에서 작용하는 마음이기 때문에, 좀처럼 그 존재를 직접 알 수는 없습니다. 그러나 항상 '내가, 자신이'라고 우기고, 또 무엇을 한다고 해도 행위가 자신에게 되돌아와 자신에게 어떤 영향을 남긴다는 사실을 순순히 인정할 때, 그런 심층에 자기 집착심이 있을 거라고 짐작하게 될 것입니다.

그러면, 이 말나식은 무엇을 대상으로 자신이라고 생각하는 것일까요? 표층의 자아집착심은 요컨대, 손을 보고 얼굴을 보고 또는 어떤 마음의 작용을 느끼고 그것을 자신의 손, 자신의 얼굴, 자신의 마음이라고 생각하여, 거기에 자신을 설정합니다. 즉 표층에서의 자아집착심은 몸과 마음을 대상으로 합니다.

그러나 유식사상은 이처럼 구체적으로 지각되는 몸과 마음이 진정한 의미의 대상이 아니라 좀 더 근원적인 대상이 있다고 보고, 그것을 아뢰야식이라고 합니다. 그것을 요가라는 실천을 통해 발견했던 것입니다. 유식불교 이전의 불교 교리는 "오온을 대상으로 하여 '자신'·'자신의 것'을 설

두 가지 자아집착심

〈의식(意識)이 오온(五蘊)을 대상[緣]으로 하여 아(我)·아소(我所)라고 한다〉

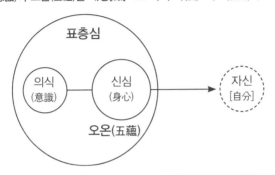

〈말나식이 아뢰야식을 대상[緣]으로 하여 아(我)·아소(我所)라고 한다〉

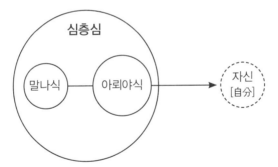

표층심에서는 '의식'이 신심(身心, 오온)을 대상으로 하여 '자신'[我]·'자신의 것'[我所]을 설정한다. 심층심에서는 말나식이 아뢰야식을 대상으로 하여 '자신'·'자신의 것'을 설정한다. 이 가운데 전자를 '분별하는 아집'(후천적인 자아집착심), 후자를 '구생(俱生)의 아집'(선천적인 자아집착심)이라고 한다.

정한다."고 합니다. 즉 표층에서 자아가 설정되는 것만을 설명하고 있었습니다. 하지만 유식학파는 "말나식이 아뢰야식을 대상으로 하여 '자신'·'자신의 것'을 설정한다."고 합니다. 즉 심층에서 자아에 집착하는 마음을 설명하게 됩니다.

그러나 '말나식이 아뢰야식을 대상으로 한다.'고 말해도 심층의 사건이기 때문에 여전히 우리는 이해할 수 없습니다. 그것을 알기 위해서는 자신의 마음 내부에 깊이 침잠해서 관찰할 필요가 있습니다. 그렇지만 '이건가?'라고 명확히 말나식의 작용을 인지하는 것은 쉽지 않습니다.

그래도 잠시 요가를 통해 선정심에 들어 봅시다. 그리고 예컨대, 호흡에 집중해서 시각 또는 촉각의 작용을 가라앉혀 봅시다. 그러면 거기에는 새로운 특별한 세계가, 환언하면 보다 깊은 영역이 나타납니다. 그러나 집중력이 흩어지면 '자신'이라는 의식이 다시 밀려듭니다. 우리의 깊은 마음이 자신을 굽히는 순간, 그 깊은 마음이 '자신'의 대상으로 설정되는 것입니다.

이처럼 몸소 말나식을 알아차리지는 못해도 우선 말나식이라는 교리에 귀를 기울여 봅시다. 거기에서 자신과 타인을 괴롭히는 '자아'에 대한 집착을 없애는 첫걸음이 시작됩니다.

마음은 후지산보다 클까

자신의 몸의 크기는 알 수 있습니다. 저의 경우는 신장 170cm, 체중 70kg이라고 판단할 수 있습니다.

그러면 저의 마음의 크기는 어느 정도일까요? 이에 대해서는 전혀 답할 수 없습니다. 왜냐하면, 마음은 원래 모양과 색깔이 없고, 따라서 크기가 없기 때문입니다.

그런데도 우리는 몸과 마음, 신체와 정신이라고 말하며, 그 두 가지를 같은 차원에서 비교합니다. 여기에서 큰 문제가 발생합니다.

예컨대, 데카르트는 몸은 '연장(延長)'이라는 속성을, 마음은 '사고(思考)'라는 속성을 가지고 있으며, 몸과 마음은 실체로서 서로 다르다는 심신 평행론을 제창했습니다. 그러나 과연 그처럼 간단히 정리해도 될까요? 만약 두 가지가 독립된 실체라면, 신체 안에 마음이 있는 것일까요? 반대로 마음 안에 신체가 있는 것일까요? 혹은 둘은 각각 다른 곳에 있는 것일까요?

유뇌론자(唯腦論者)는 마음은 대뇌의 기능일 뿐이라고 주장합니다. 그렇다면, 대뇌는 신체의 일부이기 때문에 신체가 우위에 있고 신체 속에 마음이 있다고 생각할 수 있습니다. 그러나 실제로 시각을 예로 들면, 지금 내가 내 손을 보고 있을 때, 시각 속에 손이 있다고 생각할 수도 있습니다. 대뇌에서 마음이 튀어나와서, 그것이 손을 보고 있다고 생각하는 것도 가능하지 않을까요? 이처럼 생각해 보면, 또한 무엇이 무엇인지 알 수 없게 됩니다. 좀 더 열심히 생각해 봅시다.

나는 후지산을 보고 크고 높다고 말합니다. 그때 마음을 조용히 관찰하면, 저 광대한 산이 자신의 시각이라는 마음속에 들어와 있습니다. 따라서 마음은 후지산보다 큰 것이 됩니다. 물론 그것은 마음속에 생겨난 영상으로서의 산일뿐이라고 말할 수도 있을 것입니다. 마음은 작고, 마음 바깥에 있는 후지산은 크다고 반론하는 사람도 있을 것입니다. 그러나 어느 누구도 자신의 마음 바깥에 있는 후지산 그 자체를 본 사람은 없습니다. 정말로 3776미터의 후지산은 존재하는 것일까요?

머릿속이 더 혼란스러워집니다. 냉정해지기 위해, 다음 두 가지를 확인해 봅시다.

하나는 앞에서 말한 바와 같이, '마음에는 크기가 없다'고 한 것입니다. 그래서 마음은 공간적인 것이 아니기 때문에 '몸속에? 바깥에?'라고 논하는 것 자체가 잘못된 것입

마음의 크기

마음은 후지산보다 클까?

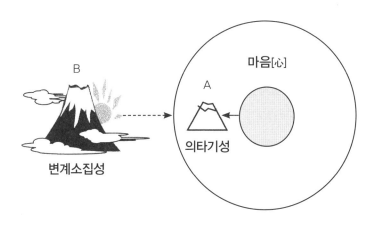

A — 마음속의 후지산(의타기성으로서의 후지산)
B — 마음 바깥에 있다고 여겨지는 후지산(변계소집성으로서의 후지산)

니다.

또 하나 확인해야 할 것은, '어떤 존재든, 그것 자체는 우리가 언어와 논리로 생각할 수 있는 한계를 훨씬 초월해 있다.'는 것입니다. 그래서 마음 그 자체에 대해서도 언어로 말할 수 없습니다. 다만, 그것이 무엇인지를 알기 위해서는 그것 자체에 완전히 몰입해서 몸소 차갑고 따뜻함을 스스로 아는 것 이외에는 방법이 없습니다.

"체험하고, 경험하고, 실제로 느낀 다음에 말하자."

이것은 대뇌피질의 표면에 있는 신피질(新皮質)이 매우 발달해서 언어를 교묘하게 자유자재로 사용할 수 있게 된 현대인에게 보내는 경고입니다.

이제 희론을 그만두고, 넓고 넓은 바다 앞에 서 봅시다. 밤하늘의 별들을 바라봅시다. 자연과 일체가 되고 우주와 하나가 되어 존재 전체가 됨으로써 마음은 무한한 '크기'로 팽창할 것입니다. 그러나 그 표현도 말장난에 불과할지도 모릅니다.

마음, 언어로 말하면 간단합니다. 그렇지만 그것을 파악하는 것은 얼마나 어렵습니까? 아니, 언어로 파악하여 정의하려고 하니까 어렵게 되는 것입니다. 직접 몰입해서 행동할 때, 몸과 마음으로 분리되기 이전의 원래 존재에 닿을 수 있습니다.

또 다른 자신을 주목하자

예전에 발생했던 고베 대지진(1995년)은 정말로 불행한 자연재해였습니다. 육친을 잃고 집이 불타 버린 이재민들은 어떠했을까요? 상상도 할 수 없을 정도로 슬펐을 것입니다.

그러나 인간에게는 훌륭한 힘이 있습니다. 피해 지역은 완전히는 아니지만, 복구가 상당히 진척되고 있습니다. 인간은 가혹한 현실을 직시하고 그것들을 다시 변형시킬 수 있는 힘을 가지고 있습니다. 아마도 우리는 인간을 사실을 사실대로 받아들여 그것을 분명히 하고, 그리고 그것을 극복해서 새로운 상황을 구축하려는 의지와 지혜를 가진 존재라고 정의할 수 있을 것입니다.

저는 파스칼의 『팡세』에 나오는

"인간은 불행한 존재이다. 그러나 그 불행하다는 것을 알고 있다는 것에 인간의 위대함이 있다."

라는 말을 좋아합니다. 불행하다는 사실을 아는 그 능력을 저는 이성이라고 말하고 싶습니다. 또는 반야(지혜)라고 말하고 싶습니다. 물론 학문적으로 이성과 반야는 그렇게 가벼운 의미가 아니라고 반론을 제기하는 사람도 있을 것입니다. 하지만 그러한 학자의 반론은 아무래도 괜찮습니다. 자신 속에 있는 멋진 능력을, 즉 자기를 객관화하고, 자기로부터 시선을 돌리지 않고 직시하며, 때로는 칭찬하며, 때로는 반성하고, 참회할 수 있는 멋진 능력이 존재함을 직접 확인하지 않으시겠습니까?

예컨대, 유령은 무섭습니다. 그러나 그렇게 무서워하는 자신도 유령처럼 정체를 알 수 없는 존재입니다. 어두운 곳에 유령이 있다고 무서워하기 전에 자신의 몸에 대해 생각해 봅시다. 나 자신은 뼈로 이루어져 있습니다. 해골이 눈앞에 굴러다닌다면, 기분이 나쁩니다. 그러나 나도 비슷한 해골로 이루어져 있습니다. 살이 붙어 있기 때문에 언뜻 보기에는 아름답습니다. 그렇지만 미인도 살을 한 꺼풀 벗기면 뼈로 이루어져 있습니다.

불교에 '부정관'이라는 요가수행법이 있습니다. 그것에 기반을 둔 것이 '오노노 고마치 구조우즈(小野小町九相圖)'입니다. 빼어난 미녀였던 고마치(小町)가 죽은 이후 그녀의 시체가 부패하는 과정을 그린 그림을 앞에 놓고, 그것이 자신이라고 거듭 생각하여, 자신의 육체에 대한 집착을 끊어 낸 수행입니다.

그러나 생각해 보면, 그러한 그림은 필요하지 않습니다. 또 다른 자신으로, 자신을 객관적으로 관찰해 봅시다.

"나는 뼈로, 그리고 깨끗하지 않은 것으로 이루어진 것이다."라고 말하면서, 자기를 앞에 내놓고 관찰해 봅시다. 그때, 그렇게 계속 보고 있는 또 다른 내가 거기에 있음을 알아차리게 됩니다.

"나는 뼈다귀다."라는 말만으로도 겁이 납니다. 그래도 여기에서 중요한 것은 자신은 뼈라고 무서워하는 것에서 끝나지 않고, 그처럼 보는 '또 하나의 자기'가 있다고 깨닫는 것입니다.

회광반조(回光返照)라는 말이 있습니다. 의식의 초점을 뼈로서의 자신이 아니라, 그 의식의 빛을 반대로, 즉 안으로 돌려 그곳에 있다고 알아차리는 자신에게 비춰 봅시다. 그때, 뼈라고 깨닫고 있는 자신의 존재를 알아차리게 됩니다. 그리고 한 번 더 회광반조해 보면 그렇게 알아차리는 자신을 알아차리는 또 하나의 자신이 있음을 깨닫게 됩니다. 그리고 조용히 자기 마음속의 '보고' '알아차리는' 작용을 관찰해 보면, '뼈로서의 자신'과 '뼈인 자신을 보는 자신'과 '뼈인 자신을 보는 자신에 대해 알아차리는 자신'과

세 명의 자신

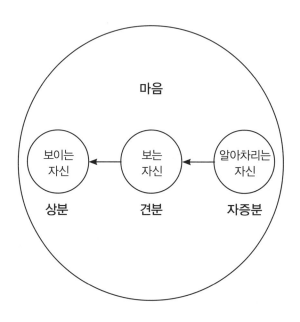

상분(相分) ──── 보이는 마음
견분(見分) ──── 보는 마음
자증분(自證分) ──── 보이는 마음과 보는 마음에 의해 성립된
                    인식을 다시 확인하는 마음

같은 3명의 자신이 있게 됩니다.

약간 복잡하고 이해하기 어려운 표현이 되었지만, 의식의 초점을 자유롭게 조절하여 직접 이 3명의 자기존재를 확인해 주십시오. 정확히 말해서 3명만 있는 것이 아닙니다. 또 한 사람의 자신, 게다가 그 속에 있는 또 한 사람의 자신과, 새로운 자신의 발견은 끝이 없습니다. 그렇게 마음속으로 더 깊이 들어갈 때, 자기는 점점 크고 깊어집니다.

'나는 뼈이다', '나는 얼마나 마음이 약한 인간인가', '나는 죽어 가는 인간이다' 등등 두렵고 괴로운 생각은 오늘부터 그만둡시다. 그와 같은 자신은 바야흐로 빙산의 일각일 뿐인, 거의 존재하지 않는 자신입니다. 그 빙산 아래에는 무한하다고 할 수 있는 자신이 존재합니다.

자신은 정말로 불가사의한 존재입니다. 체념하지 말고, 자기를 발견하는 여행을 계속합시다.

완전히 몰입해서 생각하자

사람은, 몸과 마음으로 이루어져 있다고 합니다. 이 가운데 몸이 존재한다는 것은 쉽게 알 수 있습니다. 눈을 뜨고 손을 보면 거기에 손이 있고, 거울 앞에 서면 거울 속에 자신의 얼굴이 비치고 있기 때문입니다.

이에 대해 마음은 어떤가요? 마음은 몸처럼 모양도 색도 크기도 없습니다. 따라서 좀처럼 그 존재를 파악하기가 어렵습니다. 우리는 "마음을 소중히 하자, 21세기는 마음의 시대다."라고 간단하게 말합니다. 그래도 '마음은 무엇인가?'를 명확히 파악하지 않는다면, 그러한 주장은 이른바 언어유희가 되고 맙니다. 마음은 무엇인가? 이에 답하기 위해서는 자신이 직접 자신의 마음을 파악하는 것 이외에는 방법이 없습니다. 그러나 잠시 희론을 전개해 봅시다.

우선 마음을 다음과 같이 세 가지로 나누어 봅니다.

① 사물을 보고, 듣고, 냄새 맡고, 맛보며, 접촉하는 감각
   [감각심(感覺心)]
② 괴로운, 즐거운, 사랑하는, 증오하는 생각[정서심(情緒心)]
③ 언어를 사용해서 생각하는 마음[사고심(思考心)]

이 세 가지를 '감각심', '정서심', '사고심'으로 표현해 둡시다.

첫 번째, '감각심'은 세계를 인식하는 기본적인 데이터를 받아들이는 마음입니다. 곧 시간과 공간과 그 속에서 일어난 사건을 구성하는 최소한의 데이터를 받아들이는 마음

입니다. 물론 강도, 예민함 등에는 다소 차이가 있지만 '감각심'에는 거의 개인차가 없을 것입니다.

문제는 두 번째, '정서심'입니다. 여기에는 이기적인 마음이 꽤 관여합니다. 예컨대, 맑고 쾌청한 날이지만 마음이 우울한 사람에게는 맑은 세계가 암울한 세계로 됩니다. 개개인이 가지고 있는 정서에 따라서, 우리가 살고 있는 세계는 괴롭기도 하고 즐겁기도 하며, 혹은 맑기도 하고 흐리기도 합니다.

세 번째, '사고심'도 개인에 따라 크게 차이가 납니다. 같은 사건을 만나도 그것을 어떤 언어로 어떻게 파악하는가에 따라 그 사람이 사는 세계가 크게 바뀝니다. 예컨대, 상대에게 자신의 결점을 지적받았을 때, 이에 대해 A는, "제기랄, 내 결점을 잘도 폭로하는구나."라며 화를 냅니다.

이에 대해 B는, "고맙다. 내 결점을 알게 해 주어서."라고 감사의 말로 받습니다. 이 두 말의 차이는 물론 앞의 두 번째 정서심과 관련되어 있습니다.

하지만 언어는 불가사의해서 생각하지 않은 것이라도 말해 버리고 말면, 그 언어에 의해 영향을 받고 정말로 그렇다는 생각에 빠지게 됩니다.

생각하는 마음은 개인마다 차이가 있지만, 문제는 어떻

게 하면 그처럼 이기심을 섞지 않고 보편적으로 생각할 수 있느냐는 것입니다. 어떻게 하면 바른 언어로 바르고 논리적으로 생각할 수 있을까요?

또 한 가지, '사고심'에 대해 중요한 것은 언어로만 일체의 사물을 생각하는지 어떤지 입니다. 대개 사고하는 것은 언어를 사용해서 개념적·논리적으로 생각하는 것이라고 알고 있습니다. 물론 사고는 그렇게 정의하고 거기서 끝내도 좋습니다. 그러나 인간이 궁극적 진리를 파악할 수 있다는 전제에 서 있다면, 언어에 의한 사고만이 사고의 모든 것은 아닙니다. 왜냐하면 언어는 어디까지나 궁극적 진리를 추상적으로 표현하는 것에 지나지 않기 때문입니다.

언어는 비유적으로 파악할 뿐이라고 말할 수도 있습니다. 비유적이라는 것은 요컨대, 어떤 것을 그것 이외의 것으로 말하는 것입니다. 어떠한 언어도, 언어가 가리키는 '그것 자체'와 별개의 것이기 때문에, 언어로 말하는 것은 비유적이라고 하지 않을 수 없습니다.

그런데도, 우리는 '언어로 이야기하고, 생각하는 대로 사물이 존재한다.'라고 무반성적으로 생각하는 데에 문제가 있습니다. 요컨대 우리는 '나는 이 세계에서 살고 있다.' 또는 '나는 세계 속에 있다.'라고 생각합니다.

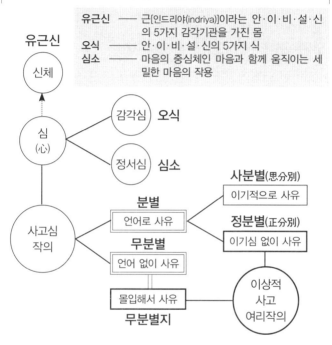

· 도표 15 ·

사유하는 것

유근신 ── 근[인드리야(indriya)]이라는 안·이·비·설·신의 5가지 감각기관을 가진 몸
오식 ── 안·이·비·설·신의 5가지 식
심소 ── 마음의 중심체인 마음과 함께 움직이는 세밀한 마음의 작용

유근신
신체

심(心)

감각심 **오식**

정서심 **심소**

사고심 작의

분별
언어로 사유

무분별
언어 없이 사유

사분별(思分別)
이기적으로 사유

정분별(正分別)
이기심 없이 사유

몰입해서 사유

무분별지

이상적 사고 여리작의

분별 ── 원어 비–깔파(vi-kalpa)는 2가지로 나누어서 생각한다는 뜻.
무분별 ── 오식(감각)은 원래 분별하지 않는 식이다. 의식은 분별과 무분별 2가지 작용이 있다. 몰입해서 생각할 때에는 이 무분별의 식이 중요한 작용을 한다.
무분별지 ── 나와 타자 그리고 그 양자 사이에서 성립하는 행위 3가지를 분별하지 않는 지혜.
삼륜청정(三輪淸靜)의 무분별지라고 한다.
작의 ── 사고(思考)에 해당하는 단어. 원어 마나스 카–라(manas-kāra)는 마음[意]을 움직이는 것을 의미.
여리작의 ── 원어 요니샤스 마나스 카–라(yoniśas manas–kārah)는 '자궁
(如理作意) 의 차원에서 생각한다.'는 뜻. 근원에서 생각하다.

그런데 '나', '세계', '있다'라는 언어가 가리키는 그것 자체는 무엇일까요? 이 질문에 대해서는 더 이상 언어로 추구해도 소용이 없습니다. 깊이 생각해서 이야기해도 또한 거기에는 언어가 남아 있기 때문입니다.

그러면 어떻게 하면 좋을까요?

그것은 언어를 떠나 그것 자체에 몰입해서 생각하는 것 이외에는 방법이 없습니다. 저는 이기심 없이 올바르게 몰입해서 사고하는 것이 궁극적이고 이상적인 사유의 방법이라고 생각합니다.

3

'대상'의
존재를 묻다

'대상'은 언어가 마음 바깥에 만들어 낸 존재

우리에게는 여러 가지 욕망이 있습니다. 물론 그것이 없으면 살아갈 수 없습니다. 이것을 하고 싶고, 저것을 갖고 싶다고 생각하니 살 용기도 납니다. 그러나 욕망이 커져서 그것이 집착으로 바뀌면, 거기에서 고통이 생겨납니다. 고통만이 아닙니다. 때로는 그것은 죄악을 일으키게 됩니다.

우리에게는 물욕·성욕·명예욕이 있습니다. 멋진 집에

서 살고 싶습니다. 그것 때문에 돈을 벌려고 애씁니다. 저 사람이 좋아서 견딜 수 없다고 괴로워합니다. 빨리 부장이 되고 싶고 보다 높은 지위를 얻고자 발버둥 칩니다.

모두 집, 돈, 남녀, 부장과 같은 언어로 말하고, 그것이 정말로 있는 것으로, 좀 어렵게 표현한다면, 실체로 존재하는 '대상'이라고 생각합니다. 생각만이라면 좋겠지만, 그렇게 여겨진 것을 집착하는 곳에서 문제가 생깁니다.

말대로 '대상'은 정말로 존재하는 것일까요? 잠깐 마음을 가라앉히고 자신의 마음속에 머물러 이것을 관찰해 봅시다. 이해하기 쉽도록, '대상'이 형성될 때까지의 과정을 도식화해 봅시다(《도표 16》 참조).

예컨대, 여기에 '연필이 있다.'고 판단합니다. 그 판단을 더 자세히 검토해 보면 '연필은 나 자신과 별도의 것으로, 나 자신의 바깥에 실체로서 존재한다.'고 언어로 생각할 수 있습니다. 그러나 모든 사물이 그렇게 언어로 생각한 대로 있는 것일까요? 단순히 그렇게 생각하는 데에는 잘못이 없을까요?

물론 외계에 무엇인가가 존재할지도 모릅니다. 그렇지만 나 자신에게 확실한 것은 도표의 A라는 영상입니다. 마음속으로 자기의 에너지를 집중해서 그 영상에 몰입할 때, 그

'대상'이 형성되는 과정

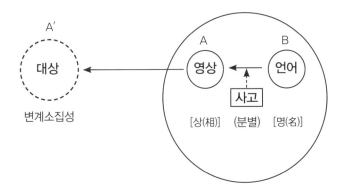

미혹의 세계를 형성하는 세 가지 요소

상(相)	———	언어가 부여된 대상
명(名)	———	언어
분별	———	대상에 대해 언어를 부여해서 생각하는 작용
변계소집성	———	말에 의해 생각되고 집착된 대상

것은 그렇다고 말할 수도 없으며, 하물며 연필이라고 명명
될 수도 없습니다. 굳이 말한다면, '오직, 그것 자체'인 것입
니다. 원래 그것은 이름이 없습니다. 언어로 표현할 수 없습
니다. '오직 ~ ' 입니다.

그런데, 그 A에 대해서 그것이 무엇인지에 대해 따지고,
'연필'이라는 언어를 부여해서 생각하는 순간, 그것은 '연
필'이 되고 자신의 마음 바깥에 있는 '연필'이라는 '대상'으
로 바뀌어 버립니다.

그런데 언어 B와 영상 A는 전혀 다릅니다. 전혀 다른 두
가지가 결합하자마자, 외계에 A'라는 '대상'이 형성되어 버
립니다. 물론 그것은 그렇다고 합시다. 왜냐하면, 여러 가
지를 설정하지 않으면, 우리는 살 수 없기 때문입니다. 요
컨대, 요리를 할 때에도, 거기에 무와 파, 두부, 된장 그리고
그것을 끓일 냄비가 있어야 된장국이 만들어지기 때문입
니다. 그러나 문제는 그 '것'에 집착하는 것입니다. 정말로
있을지 없을지 알 수 없는 불확실한 '것'에 현혹되어 버리
는 것입니다. 며칠씩 사막을 헤매면서 목마름을 해소하기
위해 물을 구하는 사람처럼 돈, 돈, 돈, 지위, 지위, 지위를
끊임없이 원합니다.

도대체 무엇이 있는 것일까요? 자신의 마음속으로 다시

돌아와, 생의 존재에 대해, 이름 없는 존재에 대해 잠시 조용히 몰입해서 관찰해 봅시다. 말을 잊고 마음속의 A에 몰입해 봅시다. 또 연필, 연필이라고 계속해서 말하며, 그 말에 몰입해 봅시다. 오직 있는 것은 A이며 B입니다. 아니, 그때는 '있다'고 하는 것도 없습니다.

대체 무엇이 있는 것일까요? 몸소 마음을 탐구하는 시간을 될 수 있는 한 많이 가질 때, 세계는 점점 변모해 갑니다.

죽으면 어떻게 될까
– 언어의 한계와 속박

아무리 책을 읽어도, 지식을 쌓아도, 박식해져도 마음은 본질적으로 바뀌지 않습니다. 오히려 지식이 증가함에 따라 그에 비례해서, 마음은 정보에 의해 교란되어 혼란스러워집니다.

언어를 떠나서 있는 그대로 존재하는 것은 단순합니다. 인간의 언어와 생각 그리고 분별이 그것을 복잡하게 만드는 것입니다. 여기서 언어의 한계와 속박에 대해 잠시 생각해 봅시다.

우선 언어의 한계에 대해 생각해 봅시다. 우리는 보통 '말하는 대로 모든 것이 존재한다.'고 생각합니다. 그런데 과연 그럴까요?

저는 요즘 수업에서 곧잘 학생들에게 다음과 같이 질문합니다. 어떤 학생에게 연필을 가리키며, "이것은 뭘까요?"라고 묻습니다. 그러면 그 학생은 당연히 "그것은 연필입니다."라고 답합니다. 그때 저는 왼손에 연필을 들고, 오른손으로 그것을 가리키면서 "만약 이것이 말할 수 있다면, 이것은 '인간아, 왜 나를 연필이라고 부르지?'라고 말할 것입니다."라고 문제를 제기했습니다. 일순간 학생들은 고개를 갸웃했지만, 그 문제를 반복해서 제기하고, "인간의 판단만이 판단의 전부는 아니지 않을까요?"라고 부언함으로써, 그중 몇몇 학생이 수긍할 수 있었습니다.

정말로 인간이, 그리고 인간인 내가 그것을 '연필'이라고 판단하고 있을 뿐입니다. 물론, 일상생활에서 그것은 그것대로 괜찮습니다. 그러나 진리를 추구하는 길에서 언어는 오히려 방해가 됩니다. 왜냐하면, 내가 '이것은 연필이다.'라고 판단함으로써, 나는 연필로 판단되기 이전의 '그것 자체'와는 전혀 다른 것으로서 그것을 파악해 버리기 때문입니다.

저는 최근, 좀 과장될지 모르지만, '연필 씨, 죄송합니다만, 지금 당신을 연필이라고 하겠습니다.'라고 양해를 얻고 연필로 불러야 한다고 주장하고 있습니다.

지금 '그것 자체'라고 말했지만, '그것 자체'는 원래 '말할 수 없는 것'입니다. 정말로 연필은 연필인 것일까요? 자신의 마음에 조용히 물어봅시다.

물론 이처럼 언어에 의한 인식에 한계가 있는 것은, 그것대로 어쩔 수 없습니다. 하지만, 가장 큰 문제는 우리가 언어로 말하는 대로 사물이 존재한다고 안이하게 생각하고, 말해진 것에 대해 집착한다는, 곧 말에 의해 속박되어 버린다는 것입니다.

요컨대 우리는,

'내가 죽으면 어떻게 될까? 지옥에 떨어질까? 아니, 완전히 없어져 버리는 것은 아닐까? 가능하면 극락에 태어나고 싶다.'

라고 생각하며 고민하고 괴로워하지만, 그것은 전혀 깊이 생각하지 않고, '생각'과 '언어'가 만들어 낸 세계 속에서 우왕좌왕하는 것일 뿐입니다.

여기에서 냉정하게 잠시 생각해 봅시다. 정말로 '나', '죽다', '지옥', '극락', '태어나다', '무(無)가 되다' 등과 같은 언어와 대응하는 '것'이 혹은 '상태'가 정말로 있는 것일까요? 이미 '나'에 대해서는, 그것이 말의 울림으로만 존재하는 것임을 검토했습니다. '죽다', 여기에는 시간이 설정되어 있습니다. 지금 살아 있는 것은 언젠가 죽을 것이라고, 현재와 미래가 생각되고 있기 때문입니다. '지옥'과 '극락', 여기에는 장소가, 즉 공간이 설정되어 있습니다.

그런데 시간이나 공간은 과연 정말로 자신을 떠나서 존재하는 것일까요? 칸트는 시간과 공간은 인식하는 쪽에 선천적인 직관 형식으로 존재한다고 말합니다. 20세기에 이르러, 아인슈타인은 시간과 공간은 상대적이라는 것을 발견했습니다. 불교도 시간(때)과 공간(방향)은 존재하는 것[제법(諸法)]에 의해 임시로 존재할 뿐이라고 말합니다. 이미 자신을 떠나 같은 속도로 흐르는 절대시간과 끝없이 펼쳐진 절대공간을 인식하는 것은 불가능합니다. 따라서 죽으면 지옥인가 극락인가로 고민하는 것 역시 자신의 마음속에서 언어에 의해 농락당하고 있는 것입니다.

시간과 공간뿐만이 아닙니다. 가장 문제가 되는 것은 '있다'와 '없다'라는 언어입니다. 있을까와 없을까라고 생각하는 것, 이것이 미혹과 고통의 근본 원인입니다. 이것에 대해서는 항목을 바꾸어 논의해 봅시다.

• 도표 17 •

언어에 의한 속박

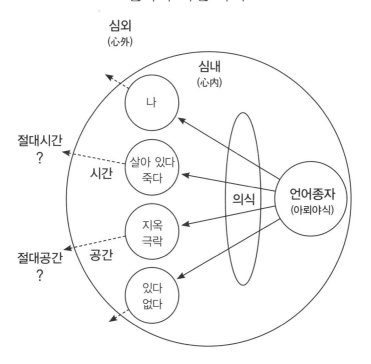

'나', '살아 있다', '죽다', '지옥', '극락', '있다', '없다' → 언어가 마음속에 있을 뿐

아뢰야식 ——— 모든 존재를 생겨나게 하는 종자를 가지고 있는 마음.
일체종자식이라고도 한다.

의식 ——— 의식이 아뢰야식에 있는 언어를 끄집어내어 언어를 사
용하여 생각한다.

아무튼 모든 것은 언어로 생각한 대로 존재하지 않습니다. 이 사실을 스스로의 마음속에서 확인하고 알아차릴 때 세계는 크게 바뀝니다. 지금까지와 다른 세계 속에서 조금은 더 자유롭게 살아갈 수 있게 됩니다.

빌딩도 마음속에 있다
– 다른 사람의 행복

요전에 중국을 방문할 기회가 있었습니다. 6년 전 쑤저우(蘇州)를 방문할 당시엔 개발이 시작된 지 얼마 되지 않았습니다만, 이번에 방문해서 그 변화된 모습에 놀랐습니다. 그때 건설 중이었던 한산사(寒山寺) 5층탑도 완성되고, 그 위에서 바라본 쑤저우의 거리엔 이제 동양의 베니스의 모습이 없었습니다. 녹지가 줄어들고 한산사 주변에는 빌딩이 들어서고 있습니다.

상하이(上海)에는 빌딩을 건설하는 붐이 더욱 격하게 일고 있었습니다. 빌딩의 높이와 숫자는 동경에 비할 바가 아니었습니다. 상하이는 단숨에 동경을 추월해 버린 것 같습니다.

문제는 그러한 도시에 사는 사람들의 마음의 변화입니

다. 빌딩, 백화점, 브랜드 제품, 전기 제품, 돈……. 바야흐로 '물건'이 범람하는 환경 속에서, 사람들의 눈은 '마음'에서 멀어져 '물건' 쪽으로만 끌려가고 있습니다.

물건에 대한 집착, 그것은 마음을 고갈시켜 버립니다. 집착하는 '욕망'과 그 주인공인 '자신'은 점점 부풀어 오르고, 거기에 이기심과 욕심이 소용돌이치며, 말하자면, 지옥의 세계가 나타납니다. 지금이야말로, 빌딩, 물건, 돈은 자신의 마음 바깥에 있는 것이 아니라, 마음속의 영상에 지나지 않는다는 사실을 호소하고 싶습니다.

확실히 물건도 돈도 필요합니다. 그러나 인간의 욕망은 '하나 얻으면 둘, 둘을 얻으면 셋'으로 증가합니다. 탐(貪)·진(瞋)·치(癡)의 삼독(三毒) 가운데 탐은 물에 비유됩니다. 물은 어디로도 침투하며, 널리 모든 곳으로 퍼집니다. 그처럼 우리 욕망도 제한 없이 퍼져갑니다.

자본주의는 원래 신을 믿는 경건한 프로테스탄트에 의해 그 토대가 만들어진 것이지만, 현재 자본주의는 개인과 집단의 이기적인 약육강식의 이데올로기에 의해 변해 버렸습니다. 자기의 이익만을 추구하고, 다른 사람의 존재를 시야에서 쫓아냈습니다. 물건과 재물은 무한하지 않습니다. '자신이 얻으면 잃는 사람이 있다.'는 이 사실을 잊고 자기

이윤만을 추구합니다. 말하자면 재물의 비만체가 되고 말았습니다. 힘이 있는 사람은 영리를 탐하여 그 자신만 점점 살이 찌고 다른 사람은 야위어 갑니다.

이제 중국에도 이런 경향이 점점 심해지겠지요. 자, 어떻게 하면 좋을까요? 그 힌트가 다음 문장에 있습니다.

> "현생에서 자리(自利)는 말하자면, 모든 보살은 바른 도리로 공교업처(工巧業處)에서 재물을 쌓고, 이 재물의 양을 알고 사용한다. 현생에서 이타(利他)란, 모든 보살의 현생에서의 자리처럼, 이와 같이 보살이 교화할 유정은 이것으로 인해 현생의 이익을 획득한다."
>
> 『성유식론술기(成唯識論述記)』 제1권

이것을 요약하면, '현생에서 보살의 자리(自利)는 바른 이치에 의거해서 일·판매 등의 사업(공교업처)으로 재물을 모으지만, 그 양을 알고 그것을 사용하는 것이다. 이타(利他)는 모은 재물로 다른 사람들에게 이익을 주는 것이다.'입니다.

자신에게는 그 사용한 양을 판별하여 과도한 욕망을 위해 돈을 사용하지 않고, 그것을 다른 사람을 구제하기 위

제1장 | 도대체 '무엇'인가?

모은 재물을 어떻게 사용할까?

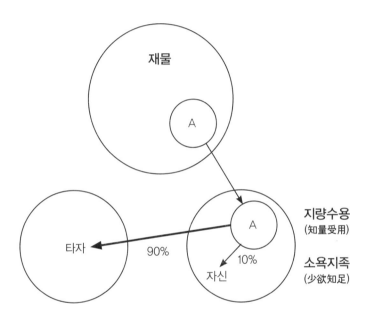

몸소 일하고 몸소 번 재물을 어떻게 사용할까. 그 단서는 보살의 '지량수용(知量受用, 양을 알고 사용한다)'과 '소욕지족(少欲知足, 적은 욕망으로 만족한다)'의 두 가지 정신이다. 한정된 재물을, 요컨대 A만을 벌었다면, 그 A 중 자신에게는 10%를 쓰고, 나머지 90%를 타인을 위해 사용한다. 어려운 일이지만, 서로가 이 정신으로 산다면 행복한 사회가 될 것이다.

해 사용합니다. 그것이 보살의 삶의 방식입니다. 이는 바로 자기중심적인 현대인을 향한 엄한 훈계가 아닐까요?

정말로 빌딩은 마음속의 영상입니다. 그런데도 저 거대한 자태에 굴복해서 빌딩만이 앞에 우뚝 솟아 마음의 존재를 잊어버립니다. 조용히 빌딩 사이에서, 마음으로 되돌아가 마음속을 관찰해 봅시다. 빌딩을 마음속으로 돌려놓읍시다. 빌딩만이 아닙니다. 재물도 돈도 마음속에 있을 뿐입니다. 그런 것은 집착하고 추구할 만한 존재가 아닙니다.

존재의 중심을 자신보다도 오히려 다른 사람에게 둘 때, 자신의 행복보다 타자의 행복으로 관심이 향합니다. 돈은 다른 사람의 행복을 위한 방편이며 수단입니다. 이 인식에 이르기 위해서 우선 빌딩 사이에 서서 '빌딩은 마음속에 있다.'는, 언뜻 보면 상식을 벗어나 보이는 이 판단으로 반복해서 마음을 타이르도록 합시다. 자신은 어떻게 변하게 될까요?

쓰레기와 마음속의 청소

더러워진 마음을 깨끗이 하려면, 밖에서 빗자루로 청소해도 더러움을 제거할 수 없습니다. 자신의 마음에 있는 오염은 자신의 마음만이 제거할 수 있습니다. 이것을 알게 되면, '마음을 청소하기 위해서 어떻게 할까?'라고 생각하지 않을 수 없습니다.

마음속을 청소하는 한 가지 방법은 현실적으로 몸의 주변을 청소하는 것입니다. 이에 대해서, 그럴 리 없다고 곧 반론을 제기할 수 있습니다. 방에 쌓여 있는 먼지를 제거한다고 했을 때, 그 먼지는 보통 마음 바깥에 있다고 생각합니다.

그러나 그렇지 않습니다. 청소한 쓰레기는 우선 마음속에 있는 영상입니다. 따라서 먼지를 없애는 것은 마음속에 있는 먼지를 제거하는 것입니다. 이 사실을 안다면, 방을 청소하는 것이 얼마나 고마운 것인지를 깨닫습니다. 방이 깨끗해지면 동시에 마음도 깨끗해지기 때문입니다.

3년간, 대학에서 점심 식사 후 휴식 시간에 캠퍼스에 버려진 담배꽁초를 학생과 함께 주우면서 걷고 있습니다. 약 30분 동안 무려 500개 정도의 꽁초를 줍게 됩니다. 이것은 놀라운 일입니다. 성인도 그렇지만, 현대 젊은이들의 매너는 상상 이상으로 좋지 않습니다.

버리는 쪽은 어찌 되었든 간에, 줍는 학생은 점심 식사 후 휴식 시간에 캠퍼스에서 이야기를 나누고 있는 여러 명의 학생들 속에서 줍는 것이기 때문에, 처음에는 부끄럽기도 하고 착한 일을 하고 있다고 여겨지는 것은 아닌지 등의 여러 가지 생각이 들 것입니다. 그러나 1년 정도 하게 되면, 그 자아의식도 서서히 없어져서, 즐겁다고 할 것까지는 없지만 거의 어떤 것도 신경을 쓰지 않고 줍게 됩니다. 그들의 마음속에 저 무분별지가 작용하게 된 것일까요?

그들은 담배꽁초를 주워서 자신의 바깥에 있는 캠퍼스를 깨끗이 한다고 생각합니다. 그런데 바깥 세계에는 사물이 없다는 '유식'의 교리에서 보면, 그것은 각자 자신의 마음속 세계를 청소하고 있는 것입니다. 그들이 이것을 알게끔 설명하여 그들이 그것을 사실로 인지한다면, 담배꽁초를 줍는 행위가 타인을 위해 캠퍼스를 깨끗이 하는 이타행이 될 뿐만 아니라, 자신의 마음도 깨끗이 하는 것임을 알고, 담배꽁초를 버리는 행위를 근절하는 운동에 한층 더 열정을 불태울 것입니다.

'쓰레기도 담배도 마음속의 영상이다.'

상식적으로는 생각할 수 없는 이 사실을 우선 방편으로 삼아도 좋습니다. 마음을 타일러 몸 주변의 티끌에 주목해 봅시다. 청소를 하고 정리 정돈을 하는 것에 새로운 의욕이 솟아오르겠지요.

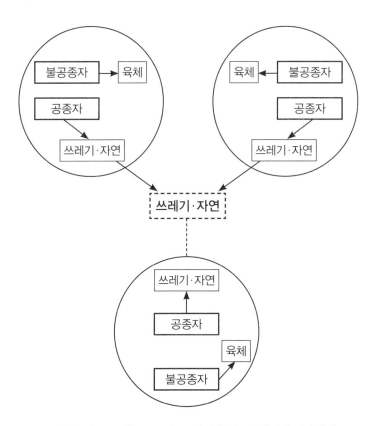

· 도표 19 ·

쓰레기와 자연은 공통된 것으로 있다

아뢰야식의 '불공종자'(공통으로는 존재하지 않는 종자)에서 여러 육체
(유근신)가 생기며, '공종자'에서 자연(기세간)과 사물(쓰레기 등)이 생긴
다. 쓰레기와 자연은 사람들 각각의 마음속에 있지만, 동시에 그들의 생
각과 언어에 의해 공통의 것, 공유하는 것으로서 만들어진다.

쓰레기만이 아니라 자연도 각자의 마음속에 있습니다.

그런데 그러한 '유식무경(唯識無境)'이라는 생각에 대해서 다음과 같은 의문을 가진 사람도 있을 것입니다. 쓰레기가 자신의 마음속에 있다면, '어떤 사람이 쓰레기를 버려도 그 쓰레기는 버린 사람의 마음속에만 있는 것이 아닌가? 또한 모두에게 공통되는 공해(公害)라는 것은 있을 수 없는 것이 아닌가?'라는 의문에서 비난이 생겨납니다.

이에 대해 '유식'은 자연과 사물은 '모두가 만들어 낸 것'이라고 생각합니다. 아뢰야식은 일체종자식이라고 일컬어지듯이, 모든 것을 만들어 내는 마음이지만, 그 '모든 것'은 '자신만의 것'과 '타인과 함께 공유하는 것'으로 나누어집니다. 전자는 육체이며, 후자가 자연과 사물입니다. 따라서 산과 강, 그리고 쓰레기 등은 인간 '모두가 만들어 낸 것'이며, '모두가 공유하는 것'입니다. 쓰레기와 자연은 마음속에 있습니다. 그러나 동시에 그것은 모두의 공유물로서도 있습니다. 이 두 가지 '있다'는 본연의 상태가 있음을 자각할 때, 쓰레기와 자연에 대한 자세가 달라지겠지요.

사물을 마음속으로 환원시켜 볼 때(환원하는 것이 아니라 마음속에 있음을 알아차릴 때), 사는 방법이 어떻게 달라질까요?

사물의 이치도 마음속의 이치

— 지(知)와 지(智)

우리 마음은 모든 것을 있는 그대로 비추는 맑은 거울 같은 것이 아니라고 반복적으로 이야기했습니다. 그러니까 지금, 어떤 물체가 낙하하는 현상을 지각하는 것을 생각해 봅시다.

어떤 것도 반성하지 않고 그 현상을 파악하면, 우리 바깥에 있는 사물 A가 아래로 떨어지는 것을 본다고 우리는 생각합니다(다음 페이지 〈도표 20〉 참조). 그러나 조용히 생각해 보면, 한 사람 한 우주가 있고 우리는 자신의 마음 바깥으로 빠져나갈 수 없기 때문에 각자가 구체적으로 보는 물체의 낙하는 마음속에 있는 영상의 낙하 현상, 즉 A'의 낙하를 보는 것입니다.

따라서 외계의 물체 A는 만유인력이라는 이치를 따라 낙하한다면, 물리적·과학적으로는 그렇게 말해야 하지만, 유식사상에 의하면 그 만유인력의 이치는 마음속에 있는 것이라고 말해야 합니다. 지금 말한 '마음속에 있다.'는 판단을 조금 더 자세히 검토해 봅시다.

우선, 만유인력이라는 이치를 인식하는 방법에는 다음

두 가지가 있습니다.

① 눈앞에 떨어지고 있는 물체의 낙하를 관찰하고 분석하여, 인력의 법칙을 기호와 수식으로 표시해서 이해한다.
② 어딘가 높은 곳에서 뛰어내려 몸소 그 인력을 체험한다.

똑같이 '인력'이라는 말로 표현된 '것'(이치)인데, ①과 ②에는 어떤 차이가 있을까요? 아래 〈도표 20〉과 다음 〈도표 21〉을 참조하면서 그것을 생각해 봅시다.

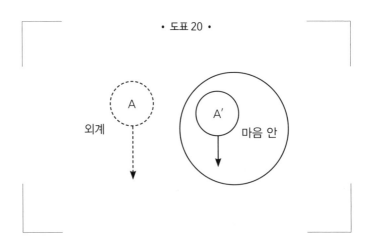

• 도표 20 •

외계

마음 안

①은 마음속 영상(A′)의 움직임, 즉 낙하를 관찰한 것인데 반해, ②는 A나 A′로 나누어질 수 없는 인력 그 자체에 몰입해서 아는 방법입니다.

그런데, ①의 경우는 위에서처럼 그림으로 표시가 가능하지만 ②의 경우는 어떻게 해도 그림으로 묘사할 수 없습니다. 왜 그러할까요? 그것은 몰입해서 체험할 때에는 객관과 주관이 분화되지 않은 상태라, 공간이 거기에 존재하지 않기 때문입니다. 따라서 이차원 또는 삼차원의 그림으로 상징적으로 그리는 것이 불가능합니다. 그림으로 그리는 것이 가능한 것은 마음이 주관과 객관으로 나뉘어 객관으로서, 즉 대상으로서 인식되는 것에 한합니다.

이처럼 생각해서 '안다'고 하는 일본어를 한자로 표현하면,

(1) 知る

(2) 智る

두 가지가 가능합니다. 이 가운데 전자는 어디까지나 직접 아는 것이 아니고 대상으로서 그 위에 기호화된, 수식화된 또는 언어화된 '것'으로 아는 방법입니다. 이에 대해 후자는 대상으로서가 아니라 그것에 몰입해서 아는, 일체가 되어서 아는 방법입니다. (2)의 아는 방법에는 언어와

기호가 필요하지 않습니다. 그러나 (1)의 아는 방법에는 언어와 기호가 필요합니다.

그리고 그 언어와 기호는 외부에서 부여된 것이 아니라, 어디까지나 안에서 흘러나온 것입니다. 그것이 대상에 부여된 것입니다. 이 사실이 중요합니다.

오직 마음 이외에는, 식 이외에는 존재하지 않는다는 '유식', 혹은 '유식무경'이라는 교리에서 한 걸음 양보해서, 가령 외계에 사물이 존재한다고 인정해도, 인간이 그 외계의 사물에 작용하는 '이치'를 인지할 수 있는 마음, 능력을 가지고 있다는 사실을 또한 확인할 필요가 있습니다.

이것을 확인한 뒤, 한 번 더 인력을 안다고 하는 것으로 되돌아가 봅시다. 인력에는 두 가지가 있습니다.

① 기호화된 인력[理] - 이것은 어디까지나 인력 그 자체는 아닙니다.
② 몸과 마음 모두를 몰입해서 체득하는 인력[理] - 이것은 결코 기호화될 수 없는 인력입니다.

전자의 '기호화된 이치'와 '이치 그 자체'는 완전히 다른 것이라는 인식은, 앞에서 '언어와 대상은 결코 같지 않다.'

아는 두 가지 방법(知와 智)

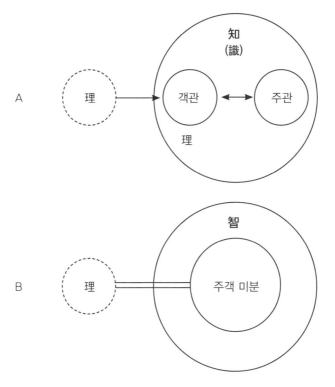

A는 '식(識)'의 작용으로, 항상 주관과 객관으로 나누어서 안다[分別知].

B는 '지(智)'의 작용으로, 주관과 객관이 나누어지지 않은 상태로 안다[無分別智].

유식의 목적은 식을 변화시켜 지[智]를 체득하는 것이다[轉識得智].

고 한 것에 비추어서 생각해 볼 수 있습니다.

아무튼 객관적인 대상은 어디까지나 '그것 자체'는 아닙니다. 이치에 대해서도 같습니다. 앞의 두 가지 이치를 그림으로 표시해 봅시다(〈도표 21〉 참조). 문제는 ①의 이치에 대한 것입니다. 이 이치는 반복해서 말한 것처럼, 어디까지나 이치 그 자체는 아니고 소위 인간에 의해 채색된, 즉 수식과 기호로 파악된 것입니다. 그처럼 채색하는 인자(因子)는 인간 쪽에 있습니다.

이러한 의미에서, 물리도 인간 속에 있다고 할 수 있습니다.

관찰자인가 관여자인가
― 유식과 양자론

20세기 물리학의 두 가지 큰 공적은 양자론과 상대성이론이라고 합니다.

이 가운데 양자론에 의해 지금까지의 물질관 또는 세계관이 크게 변했습니다. 물질의 궁극적 구성요소인 소립자가 고전물리학의 사유방식과 다르게 움직인다는 것이 발견되었습니다.

그 한 가지가, 요컨대 여러 실험의 결과와 많은 물리학자들의 논의 끝에 전자는(빛도 그렇지만) 입자성과 파동성 두 가지 성질을 가지고 있다는 결론에 이른 것입니다. 이처럼 '입자'와 '파동' 두 가지가 공존한다는 것을 어떻게 해석할 수 있을까요? 그 한 가지는,

'인간은 모두 선천적인 인식의 틀을 가지며, 그것에 맞춰서 사물을 파악할 수밖에 없도록 되어 있기 때문이다.'

라고 해석할 수 있습니다. 지금 문제가 되는 전자와 빛에 대해서 말하면, 그것은 본래 그런 상태가 아닌데, 우리 인간이, 좀 더 엄밀하게 말하면, 인간의 시각이 입자와 파동이라는 두 가지 상태밖에는 지각할 수 없기 때문이라고 해석할 수 있습니다. 지금 여기에서 '상태'를 다음과 같이 두 가지로 나누었습니다.

① 본래적인 상태
② 지각된 상태

그리고 이 두 가지 상태의 관계는 ①의 상태가 인간의 인식 틀에 의해 ②의 상태로 변형된다고 할 수 있습니다. 이것은 가만히 생각해 보면 쉽게 알 수 있는 것입니다. 그

3. '대상'의 존재를 묻다

러나 인간은 존재를 있는 그대로 모조리 지각한다고 반론을 제기하는 사람도 있겠지요. 그러나 이것도 가만히 생각해 보면, 이처럼 주장하는 사람의 입장은,

(a) 지각(知覺)하는 '인간'은 지각된 '존재의 상태'에서 벗어나, 그것과는 다른 시공간 속에서, 다른 장소에서 그것을 보고 있는 것이다.

라는 입장에 서 있는 것입니다. 그러나 이러한 견해는 뉴턴의 고전역학까지는 통용되었지만, 현대 양자론에서는 인정되지 않습니다. 이에 관해서 다음의 '불확정성원리'라는, 양자론으로는 역시 이해하기 어려운 발견을 생각해 봅시다.

지금 거시 세계에서는 물체의 위치와 속도를 동시에 측정할 수 있습니다. 따라서 요컨대, 둥근 공의 위치와 속도를 안다면, 몇 초 후 그 공이 어느 위치에 있을지를 예측할 수 있습니다. 그러나 전자는 위치와 속도를 동시에 확정할 수 없습니다. 왜냐하면, 그 두 가지 중에 한쪽을 확정하면 다른 쪽이 확정되지 않기 때문입니다. 이것이 '하이젠베르크의 불확정성원리'입니다.

또한, 원자핵 주변을 돌고 있는 전자는 파동의 상태로

있다고 생각되지만, 인간이 실제로 관찰하면, 그것은 한곳으로 수축되고 맙니다.

이처럼, 미시 세계에는 평소 우리가 살고 있는 거시 세계의 상식을 초월한 사건이 일어나고 있습니다. 이와 같은 관찰의 결과, 다음과 같이 생각하지 않을 수 없습니다.

(b) 우리 인간은 '존재의 상태'를 관찰하고 있는 것이 아니라 존재에 관여하고 있는 것이다.

이것은 앞에서 기술한 (a)의 입장을 밑바닥부터 붕괴시키는 견해입니다. 우리는 지금까지 자신의 앞에 있는 '존재의 상태'를, 또는 자신의 앞에서 일어나는 사건을, 그것에서 빠져나와, 그것을 객관적인 대상으로 지각하는 관찰자라고 생각했습니다. 하지만 정말로 그렇지는 않고, 그 존재와 사건과 이른바 하나의 세트 안에 있는 관여자라는 사실이 판명되었습니다.

이 '존재에로의 관여자'라는 양자론의 결과를 단숨에 유식사상의 '오직 식이 변한 것[唯識所變]', '유식무경', '일체 불리식(一切不離識)'이라는 생각과 동일시하는 것은 위험하지만, 이러한 양자론의 발견을 근거로 '유식'이라는 생각이

나와 전자의 관계

고전역학

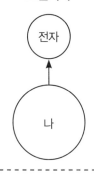

'내'가 '전자'를 관찰한다.

양자역학

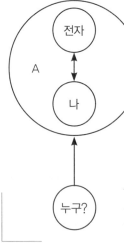

나는 전자의 상태에 관여하고 있다.

하나의 세트가 되는 A의 세계를 관찰할 수 있는 자는 누구인가? '나'는 A의 세계에서 나와서, A의 사건을 관찰할 수 있을까? 깨달은 자(붓다)라면 그것이 가능한가?

적어도 완전히 독단적인 사상은 아니라고 말할 수 있겠지요.

저는 지금 하나는 과학의 양자론과 우주론 그리고 또 하나는 불교의 유식론, 이 두 가지 이론을 병행해서 배우면서 자신과 자연 그리고 우주는 '도대체 무엇인가'라는 물음에 대해 사색을 깊게 해 나가고 싶다는 생각을 하고 있습니다.

마음속의 자연
− 유식과 자연관

"산이나 강과 같은 자연도 마음속에 있다."고 말하면, "그런 어리석은 짓이!"라고 거의 모두가 반론을 제기하겠지요. 그러나 유식사상은 이 반론에 정면으로 맞서서, "심층에 있는 아뢰야식이 자연계를 만들어 내며, 몸소 자신이 만든 자연을 자신이 계속해서 인식한다."고 주장합니다.

그렇기는 하지만, 원자·분자로 된 자연세계는 나의 바깥에 있습니다. 이것이 상식 혹은 과학적인 견해입니다. 그러나 과연 그러할까요? 비록 외계에 있다 해도, 나는 나의 마음 바깥으로 나갈 수 없기 때문에 바깥에 있는 자연 그 자체를 내가 보는 것은 아닙니다. 따라서 내가 구체적으로 보고 있는 자연은 마음속에 있는 영상입니다.

지금, 예컨대 나는 한 그루의 나무를 보고 있습니다. 그 나무의 영상은 시각[안식(眼識)]의 대상입니다. 따라서 눈을 감으면, 그 영상은 사라지고 맙니다. 그러나 나는 '나에게 보이지 않지만, 그 나무는 나의 바깥에 있다.'고 생각합니다. 그런데 유식사상은 "그러한 나무는 존재하지 않는다. 나무는 아뢰야식에 의해 만들어져서 아뢰야식이 항상 계속해서 인식하고 있다."고 합니다.

"인간의 지식은 힘이며 그 힘으로 자연을 지배하자!"라고 한 유럽 근세 이후 인간의 삶의 방식은 물질문명을 발전시켜 결국 인류뿐만 아니라 모든 생물의 생존을 위협하는 지구 환경문제를 발생시켰습니다. 이 사유방식은 현대인들에게 하나의 참고가 될 사상이 아닐까요?

표층에서 물결치는 마음을 가라앉혀 봅시다. 완전히 고요한 상태에서 눈을 감아 봅시다. 그러면 어떤 것도 보이지 않게 되고 들리지 않게 됩니다. 그러나 그때, 나에게 어떤 '존재감'이 있게 되는데, 그 '존재' 쪽이, 눈을 떠서 보거나 혹은 듣는 존재보다 더 본질적인 생의 존재라고 할 수 있지 않을까요? 눈을 감는 것뿐만 아니라, 표층에서 물결치는 감각 전체를 가라앉혀 보면, 마음의 보다 깊은 층으로 침잠할 수 있습니다. 가라앉고 가라앉아서, 아뢰야식의 영역까지 도달하여, 그것이 만들어 내고 동시에 인식하고 있는 '대상'을 몸소 알고자 하는 소원이 유식사상을 배울수록 저의 마음속에서 강하게 솟아납니다.

이미 말한 바와 같이 고전역학, 즉 뉴턴 역학까지는 '나'의 바깥에 무엇인가 얼마의 크기를 가진 입자로서의 원자·분자가 있다고 여겨졌습니다. 그러나 양자론, 양자역학의 눈부신 발전에 의해, '존재의 상태'에 나라고 하는 존재도 관여하고 있다는 것을 점점 알게 되었습니다.

저는 지금, 이러한 양자론의 성과와 또 한 가지는 유식사상의 자연관, 즉 '내가 표층의 감각으로 파악한 자연, 그리고 그것에 생각과 말로 채색된 자연, 그런 자연만이 자연은 아니다. 나의 마음속에는 아뢰야식이 대상으로서 있는 자연이 있다.'는 자연관, 이 두 가지를 참고해서 자연에 대한 의식혁명을 행하는 것이 어떠하냐고 제안하고 있습니다. 삼림을 채벌하여 자연을 파괴하는 것을 방지하기 위해서는 물론 정치적·경제적·사회적 관점의 개혁·개선이 필요하지만, 역시 인간 각자가 자연에 대해 보는 방법을 바꾸는 것이 중요합니다.

두 가지 자연

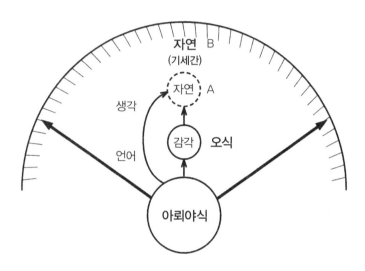

자연을 '기세간', 생물의 세계를 '유정세간'이라고 한다. 자연이라는 그릇 속에 생물이 머물러서 살고 있다고 파악하는 것에 불교 자연관의 특징 이 있다.

자연 A —— 감각에 의해 파악되고 생각과 언어에 의해 채색된 자연.
인간끼리 공유할 수 있다고 생각되는 자연.

자연 B —— 아뢰야식이 만들고, 또 아뢰야식이 계속해서 인식하고
있는 자연.
한 사람 한 우주 속에 있는 자연.

자연은 A만 있다고 생각하는 곳에서, 자연이 돈벌이를 위한 대상이 되어 삼림채벌, 골프장 건설 등과 같은 환경파괴가 진행된다.

'자연 친화', '자연과 공생을'이라고 주장하기 전에 '자연은 도대체 뭔가', 그것을 자신과의 관계 속에서 조용히 따져 보는 것이 먼저 해결해야 할 일이라고 생각합니다.

감각 데이터와 생각과 언어로 파악한 '자연'의 맞은편에 있는 본래 그대로의 '자연'을 생각해 봅시다. 지금까지 매우 차가웠던 자연이 따뜻하고 가까운 것으로 느껴질 것입니다.

·

제2장

'어떻게' 살아야 할까

다른 사람과의
관계 속에서 살다

자신과 타인과의 대립 속에서 사는 인간

저는 최근 이따금 "인간이면서 인간을 초월하자!"라고 계속 호소하고 있습니다. 그러면, 초월할 수 있는 인간은 어떤 인간을 말하는 것일까요?

그 전에, '생명'은 무엇인지에 대해 생각해 보려고 합니다. 저는 '생명이란 나와 타인이 분리·대립한 존재'라고 정의하고 싶습니다. 그것은 이전에 대학에서 실험을 하던 중,

현미경을 통해 짚신벌레가 먹이에 접근해서 그것을 체내에 섭취하는 현상을 관찰할 때 떠올랐던 정의입니다. 물론 짚신벌레에는 인간과 같은 자타 대립의 의식은 없지만, 자신 이외의 다른 먹이를 섭취하는 이상 거기에는 자타의 구별이 있다고 말할 수 있겠지요. 공기가 오염되면 나무가 말라서 죽어 버리는 현상에서, 식물도 자타 대립의 세계에 살고 있음을 알 수 있습니다.

자타 대립의 의식은 동물에도 있습니다. 새는 다른 새가 자기 세력권에 침입해 올 때, 그 새를 쫓아내기 위해 맹렬히 다툽니다. 새들의 세력 다툼은 그 본보기입니다. 이런 자타 대립의 상태가 최고조에 달한 생명, 그것이 인간이라고 말할 수 있겠지요.

그 대립 의식이 최근에는 가정 내에서 부모와 자식, 시어머니와 며느리 그리고 친구간의 애증, 회사 내에서의 질투, 나아가 국가·민족 간의 이해(利害)와 이데올로기의 대립을 발생시키는 결과를 낳았습니다. 그리고 그 가운데 가장 큰 대립은 인간만이 범하는 가장 어리석은 행위인 전쟁입니다.

저는 이전에 중국의 만리장성을 방문한 적이 있습니다. 관광객 대부분은 그 규모의 웅장함을 보고 감동했지만, 저는 그때 다시는 그곳을 방문하지 않겠다고 결심했습니다.

왜냐하면, 저 만리장성을 건설한 것이야말로, 과거 역사에서 인류가 범했던 것 중 가장 어리석은 행동이라고 생각했기 때문입니다. 확실히 장장 수천 킬로미터나 이어진 장성은 역사적 산물로서는 훌륭합니다. 그렇지만 그 속에 있는 지배자의, 황제의, 정치인들의 의도는 얼마나 잔혹합니까. 진시황제 때, 그것을 만들기 위해 동원된 사람의 수는 당시 인구의 3분의 1이었으며 중노동으로 죽은 사람이 수십만 명에 달했다고 합니다. 얼마나 어리석고 한심한 행위입니까?

전쟁은 과거의 사건뿐만이 아닙니다. 20세기는 전쟁의 세기였다고 할 수 있습니다. 그것은 현대에도 지구의 각 지역에서 발발하고 있습니다. 인류가 계속 살아 있는 한, 이 어리석은 행위는 없어지지 않을지도 모릅니다. 그러나 과연 그렇다고 포기하는 것이 좋을까요? 무엇인가 그것을 제어할 수 있는 방법은 없을까요?

여기에서 잠시 조용히 생각해 봅시다. 정말로 이렇게 타자와 대립하는 자기가 존재하는 것일까요? 원래 자신·자기라는 것은 있는 것일까요?

요컨대 우리는 거울에 비친 얼굴을 보고, 그것을 '자신의 얼굴'이라고 말합니다. 손으로 몸을 만지고 '나의 몸'이

라고 생각합니다. 그렇지만 확실히 '얼굴'과 '몸'을 눈으로 보고 손으로 접촉해서 그 존재를 확인할 수 있을까요? 그리고 '의[の]'라고 하는 소유격으로 얼굴과 몸에 결합한 '자신'과 '나'라고 하는 언어에 대응하는 것을 과연 확인할 수 있을까요? 우리는 그것에 대해서 아니[no]라고 말하지 않을 수 없습니다. 그러한 언어에 상응하는 것을 아무리 찾아도, 발견할 수 있는 것은 자신·나라고 하는 언어의 울림뿐이기 때문입니다. '자신', '나'라는 것은 오직 언어에 지나지 않기 때문에, 우리는 그렇게 말하자마자 그러한 것이 있다고 생각해 버리고 맙니다. 생각에 빠지는 것만이 문제는 아닙니다. 문제는 그처럼 확인하지 못하고, 존재하지 않을지도 모를 소위 유령과 같은 것에 대해 집착하고, 자신이며, 나라고 소중히 하여, 결국 전술한 바와 같이 타자와 격하게 대립해서 여러 가지 고통이 생기는 것입니다.

현 시대에 고뇌는 개인의 영역에서 사회, 국가, 지구의 범위까지 확산되었습니다.

개인의 문제에서 일본, 그리고 세계 전체로 눈을 돌려 봅시다. 지금 일본의 상황은 바야흐로 침몰할지도 모르는 배에 비유되고 있습니다. 중학생의 살인, 왕따, 경제계 수뇌의 부정, 정치가의 이념 없는 파벌항쟁, 사람들을 고통으로 이

생명의 계층
(자타 대립의 정도)

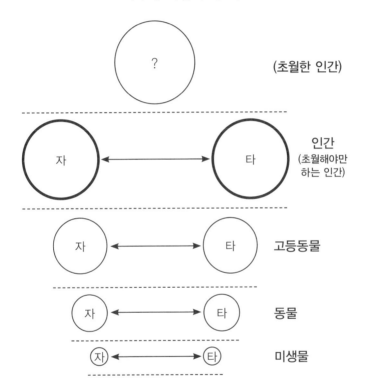

(초월한 인간)

인간
(초월해야만
하는 인간)

고등동물

동물

미생물

초월해야만 하는 인간 ── 범부
초월한 인간 ──┬── 서원으로 살아가는 인간(보살)
              └── 최고의 깨달음(무상정각)을 얻은 인간(붓다)

끌 사이비 신흥종교의 출현, 모두 암울한 뉴스뿐입니다. 바야흐로 일본인은 마음이 병들고, 사회도 병들고, 어둡고 길고 긴 터널 속을 헤매면서 걷고 있습니다.

그러나 그것은 일본만의 일이 아닙니다. 세계도 똑같습니다. 자연환경을 파괴하고 다량의 이산화탄소를 방출하여 온난화된 지구에서 지금 인류는 아니, 지구 전체의 생명은 그 존속이 위기에 처해 있습니다. 어쨌든 좀 과장된 표현일지 모르지만, 일본이 그리고 세계 전체가 나락의 바닥을 향해 무서운 기세로 떨어지고 있다고 말할 수 있겠지요.

이처럼, 개인적으로도 사회적으로도 절실한 방법, 즉 고뇌를 짊어진 그리고 살 방향을 잃은 현대인과 현대사회를 구제할 방법은 과연 있는 것일까요? 있다면 그것은 무엇일까요?

저는 근본적으로 인간 한 사람 한 사람의 의식을 개혁해서 이기주의에 근거하는 자타 대립의 상태, 삶의 방식에서 벗어나는 것 이외에는, 환원하면 인간이면서 인간을 초월하는 것 이외에는 길이 없다고 생각합니다. 피라미드를 복원하기 위해서는 하나하나의 돌을 바로잡는 것 이외에는 다른 방법이 없는 것과 같습니다.

자기변혁을 가져오는 두 가지 힘

자기를 보다 좋은 상태로 바꾸어 가고 싶은, 즉 자기변혁은 누구나가 갖는 바람입니다. 그것을 위해 어떻게 하면 좋을까요? 이에 대해 잠시 유식(唯識)적으로 생각해 봅시다.

우선 전문용어로 말하면, 자기변혁은 다음의 두 가지가 힘이 되어 이루어집니다.

① 정문훈습(正聞熏習)
② 무분별지(無分別智)

우선 정문훈습부터 생각해 봅시다.

인간은 말에 미혹되어 고생한다는 것을 앞에서 반복해서 말했습니다. 예를 들자면, 내 손, 내 몸, 내 마음, 나의 지위라고 말하고 '나', '손', '몸', '지위' 등이 있는 것처럼 생각하며 그것에 집착해서 괴로워하고 있지만, 그러한 것은 존재하지 않습니다.

이와 같이 말에 미혹되기 때문에 우선 그 미혹에서 벗어나는 첫걸음을 내딛지 않으면 안 됩니다. 그때 중요한 것은 바른 말, 바른 가르침을 바르게 반복해서 듣는 것입니다.

그것에 의해, 그 가르침과 말이 심층에 있는 아뢰야식에 배어들어 그곳에 잠재해 있는 청정한 종자에, 비유하자면 물과 비료 같은 영양분을 주어서 그것이 잘 자라도록 하기 때문입니다.

저는 최근에 "나 따위는 아무래도 좋다. 사람을 위해, 세상을 위해 정진하자!"라고 사람들에게 그리고 저 자신에게 계속 말하고 있습니다. 그러면 신통하게도 '좋아, 살아 보자, 노력해 보자.'라는 기분과 말이 마음속에 생겨납니다. 가능하면 올바른 사람으로부터 올바른 가르침을 바르게 반복해서 듣는 것이 요청되지만, 거기까지 가지 않더라도, 뭔가 자기가 믿고 살아가기 위해 지침이 되는 금언·잠언으로 항상 자기를 타일러 보는 것은 어떨까요?

저는 최근 '보살도(菩薩道)'라는 말에 의식을 집중하고 있습니다. '대비천제보살(大悲闡提菩薩)'이라는 보살이 있는데, 그는 '중생을 위해 환생을 거듭하면서 윤회한다.'는 서원으로 살아가는 사람입니다. 저는 이 서원을 마음속에 세우려고 노력하고 있습니다. 그러면 살아 갈 용기가 생겨납니다. 죽는 것이 두렵지 않게 됩니다. 그것은 '보살도', '대비천제보살'이라는 말이 저의 아뢰야식에 있는 의지서원(意志誓願) 종자에 영양분을 주어 그것을 발아시키기 때문이 아닐까요?

정문훈습이라고 할 정도는 아니지만, 단 한 번 들었던 말이 강하게 마음에 남아 이후의 삶에 영향을 주기도 합니다.

 제가 소학생이었을 때, 5년간 선종 전문 도량 앞에서 살았던 적이 있습니다. 그 당시 어린아이였던 저는 자주 그 절에 가서 스님들과 놀았습니다. 전쟁이 끝난 직후이기도 했고 사람도 적어서 그다지 엄격한 수행은 없었지만, 그래도 가끔 행해진 접심회(接心會) 때 승려들이 선당(禪堂)에 앉아 있는 모습을 엿본 적이 있습니다. 어느 날 주지스님께 "어째서 저렇게 말없이 앉아 있지요?"라고 물었는데, 스님은 그것에 대해 직접 답하지는 않고, 대신 "이번에 내가 방 안에 앉아 있을 때 미닫이문을 열어 보아라. 그러면 방안에 소나무가 심어져 있을 것이야."라고 대답하셨습니다. 어린 저는 '이런 바보'라는 생각이 들었지만, 그래도 좌선이라는 것이 왠지 대단하다는 인상을 받았습니다.

 그때 주지스님으로부터 들었던 그 말이 저의 마음에 강한 인상을 남겨서, 그것이 어른이 되어 싹을 틔워 마침내 제가 삭발까지 하게 된 하나의 원인이 되었는지도 모릅니다.

 또한 비록 이것도 정문훈습은 아니지만, 뭔가 멋진 것이 있다면 그것을 언어로 표현하고 때로는 외쳐 봅시다. 맛있는 것을 먹고, '아아, 맛있다!'라고 외칩니다. 예쁜 꽃을 보고, '아아, 예쁘다!'라고 하며 즐깁니다. 신나는 일이 생기면, '아아, 신난다!'라고 외치며 기뻐합니다. 이처럼 구체적으로 말하면 마음도 즐겁고 유쾌해져서 아름다워집니다. 그 마음의 상태와 입에서 나온 말이 아뢰야식에 훈습되어 심층에 있는 마음을 바꾸어 갑니다. 아름답고 청정한 말과 마음이 심층을 온화하게 하며 아름답고 청정하게 합니다.

또한 세상에는 언제나 과거에 대해 생각하고, "왜 ~였지?"라며, 항상 "왜, 왜"라고 후회하고, 고민하며, 비난하고, 성내는 등 이른바 푸념하는 사람이 있습니다. 그렇게 함으로써 그 사람의 마음은 점점 무겁고 탁해집니다. 그런데 정말이지 과거는 이미 지나간 것이므로 아무리 불평을 해도 소용이 없습니다. 그것보다는 무리를 해서라도 좋습니다. 과거에 즐겁고 멋졌던 것을, "아아, 즐거웠다, 훌륭했다."라고 말하면서 생각해 봅시다. 그러면 마음이 온화해지고 생기가 생겨납니다. 과거가 좋은 의미에서 현재를 살리게 됩니다.

자기변혁을 가져오는 또 하나의 계기는 무분별지로 살아가는 것입니다.

예를 들자면, 내가 어떤 사람에게 뭔가를 주었을 경우,

나는 뭔가를 준 사람이며, 상대방은 받은 사람입니다. 그 두 사람 사이에는 '베풀어 준 물건'이 있습니다. 그리고 확실히 의식하지 않는다고 해도, 준 것에 의해서 나에게 조금이라도 오만한 기분이 생겨날 수 있습니다. 상대에게 베풀었다고 하는 자만심이 나의 마음에 전혀 생기지 않는다고 말한다면 그것은 거짓말일 것입니다. 이것이 무서운 것입니다. 다른 사람에게 어떤 것을 주는 이타행(利他行)에 의해, 역으로 자아의식이 보다 강화될 수도 있기 때문입니다. 그런 생각으로 보시를 행하지 않고, 베푸는 자도 받는 자도 주는 물건도 분별하지 않는 무분별지를 가지고 보시를 실천할 필요가 있습니다.

이 무분별(無分別)에 의한 행위는 두 가지 작용을 합니다. 첫째, 타인에게 진실로 깨끗한 행위를 전개합니다. 둘째, 그것이, 비유해서 말하자면, 불이 되어 나에게 되돌아와 나의 심층에 있는 마음, 즉 아뢰야식에 있는 오염된 종자를 불태워 버립니다. 지금 '불'이라고 했지만, 정말이지 무분별지라는 지혜는 불과 같은 것입니다. 초가 탈 때 두 가지가 발생합니다. 하나는 빛과 열이 납니다. 또 하나는 연소에 의해 양초 자체가 타 버리는 것입니다. 이 예시처럼, 무분별지라는 불이 타는 것은 자신 속에 있는 번뇌라는 연료가

타고 있는 것이며, 그것에 의해 생겨난 에너지가 타인에 대한 자비로운 행위가 되어 전개됩니다. 이것은 정말로 과학적으로 파악한 방법입니다. 인간의 마음 작용도 역시 자연의 이치를 따릅니다. 따라서 산속에서 혼자 운둔 수행하여 마음이 깨끗해지더라도 그것만으로는 결코 인간의 참된 삶의 방식이 아닙니다.

저도 스물두세 살경, 출가의 아슬아슬한 부분까지 갔었습니다. 선(禪)의 길에 뛰어들어 멋진 마음의 상태[心境]로 살고 싶다는 생각이 들었습니다. 당시, 학교에 갔다 돌아오면 곧 방에 틀어박혀 향을 피우고 앉아서, 어머니와 동생이 텔레비전을 보고 있으면, 인간이 그런 짓을 하면 안 된다, 죽을 때까지 항상 노력하고 정진하지 않으면 안 된다고 설교를 하곤 했습니다. 당시에는 젊었기 때문에 산의 선당에 박혀서 어쨌든 진리를 깨우쳐 모든 사람들을 구제하겠다는 기개가 타올랐었습니다. 물론 이것도 잘못은 아니지만, 현재 제가 생각하기에는 역시 그 정도로는 사람들을 구제할 수 없습니다. 예컨대 출가해서도 사람들 속에서 무분별지에 기반을 두고 행하지 않는다면, 불교 본래의 수행이 아닙니다. 이것은 유식사상이 특히 강조한 점입니다.

그런데 무분별지에 기반을 둔 행위는 보시 이외에는 없

자기변혁을 가져오는 두 가지 힘

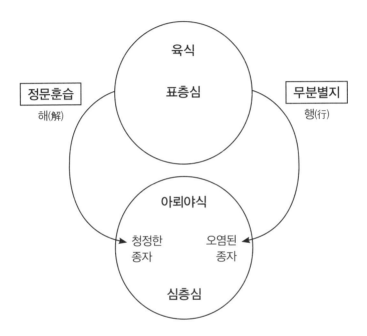

표층심인 6식의 영역에서 정문훈습과 무분별지가 자기변혁을 가져온다. 전자가 아뢰야식에 있는 청정한 종자(보리종자·열반종자)에 영양분을 주어 자라게 한다. 후자의 무분별지에 의해 오염된 종자(잡염종자)가 불타서 없어진다. 정문훈습에는 언어가 작용하고 무분별지에는 언어가 관여하지 않는다. 전자가 이른바 이론[해(解)]이며, 후자가 실천[행(行)]이다. 이론과 실천, 이 두 가지를 같이 배우는 지행합일의 삶이 요청된다.
6식의 상태가 아뢰야식의 상태에 영향을 주는 것은 거기에 연기의 이치(아뢰야식연기)가 작용하고 있기 때문이다.

습니다. 일상생활 속에서 청소, 세탁, 요리, 업무, 어떤 것이라도 그 행위에 완전히 몰두할 때, 거기에 무분별지가 나타나게 됩니다. 따라서 그것이 소위 불이 되어 아뢰야식에 있는 오염된 종자를, 바꿔 말하면, 이기적인 행위를 생기게 하는 힘을 하나하나 태워 버리는 것입니다.

어떻게 하면 이기심을 없앨 수 있을까요? 이기심은 책을 읽어도, 다른 사람으로부터 가르침을 받아도 결코 없어지지 않습니다. 그것은 이기심을 녹이는 행위를 통해서만 할 수 있습니다. 무리라도 좋습니다. 이기심을 없애고 사람들 속에서 계속 행동해 봅시다. 그러면 반드시 에고에 의해 물들었던 종자가 불타고, 그로 인해 표층의 행위 속에서 서서히 에고의 흔적이 사라질 것입니다. 여기에 실천의 위대함이 있습니다.

관계로 사물을 보다
— 연기의 이치

저는 최근 전철에서 자리에 앉으면, 앞에 서 있는 사람에게 마음속으로 고마워하자고 제안하고 있습니다. 일반적으로 그런 생각을 하지 않습니다. 전차가 들어오기 전부터 기다려서 자리를 차지했으니 자신이 앉아 있는 것이 당연하다고 생각합니다. 그래서 앞에 서 있는 사람에게 감사해하지 않는 것이죠. 그러나 잘 생각해 봅시다. 그 사람이 서 있어 준 덕분에 내가 앉아 있을 수 있는 것입니다. 그리고 그것은 사실입니다. 물론 내가 일찍 전차에 올라타고 그 사람은 뒤에 탔기 때문에 자리가 이미 차 버린 것도 사실입니다. 전자도 사실, 후자도 사실입니다. 이처럼 하나의 상태를 어떻게 보는가, 그 견해에 따라 파악되는 사실이 달라집니다.

그렇다면 두 견해는 왜 이처럼 다를까요? 우선, 앉아 있는 것이 당연하다고 생각하는 것은 내 앞에 서 있는 사람과 나를 관계적으로 파악하는 것이 아닙니다. '나는 앉아서 좋다.'며 편히 앉아 있는 것입니다. 그것은 무의식적이라 하더라도 타인은 타인, 나는 나라고 생각하고 나와 타인을 실체로 보고 있는 것입니다. 더구나 거기에는 나라고 하는 이기심이 작용하고 있습니다. 반면, 고맙다고 여기는 것은 상대가 서 있고 나는 앉아 있는 현상의 배후에, 예를 들자면, 법칙 즉 이치가 있음을 눈여겨 본 것입니다. '당신이 서 있어 주었기 때문에 내가 앉을 수 있습니다.'라고 타인과 내가 관계적으로 존재하고 있음을 알아차린 것입니다.

1. 다른 사람과의 관계 속에서 살다

그러나 우리는 좀처럼 그렇게 볼 수 없습니다. 왜냐하면, 우리 마음은 이기심으로 흐려져 있기 때문입니다.

그러한 이기심을 일단 없애고 사태를 관찰해 봅시다. 거기에서 다른 세계가 보입니다. 그리고 '타인이 있어서 내가 있다.'라는 이치를 알아채게 됩니다.

이 이치를 불교에서는 '연기의 이치'라고 부릅니다. 연기의 이치란,

'A가 있으면 B가 있고, A가 없으면 B가 없다.'

라는 법칙입니다. 저는 이 연기의 이치가 물리·심리·윤리 등 모든 이치를 포괄하는 가장 깊은 곳에 있는 이치라고 생각합니다.

예컨대, 윤리는 인간을 사랑하고, 인간을 공경하며, 인간에게 감사하지 않으면 안 된다고 말합니다. 그리고 그 이유로 신념과 신앙이라는 복잡한 것이 관련되어 있다고 합니다. 그러나 조용히 과학적인 눈으로 사실을 보면, 사람을 공경하고 사람에게 감사하는 마음이 생깁니다. 다시 한 번 아까의 이야기로 돌아갑니다. 만원인 전철에 올라타서 앉았습니다. 그때 앞에 서 있는 사람에게 '감사합니다.'라고 말하지는 않더라도 마음속으로 고마워해 봅시다. 왜냐하면, 당신이 서 있어서 내가 앉아 있기 때문입니다. 이것은

두 가지 견해

(실체로 보는가? 관계로 보는가?)

(A) 양자는 서로 다른 것이다. 양자는 '실체'로 존재한다(이기심, 즉 아집을 중심으로 본다).

(B) 양자는 단지 '관계'적으로 존재할 뿐이다(연기의 이치로 본다. 에고를 없애고 본다).

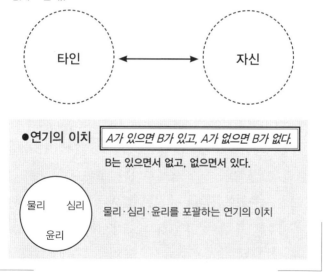

사실입니다. 이처럼 연기의 이치에 의해 사물을 관계적으로 파악할 때, 사실을 사실로 인식할 수 있습니다.

그러나 우리는 일반적으로 사물을 실체로 파악하고 나는 나, 타인은 타인이라며 나와 타인을 구별합니다. 그리고 내가 먼저 자리를 차지했기 때문에 내가 앉는 것은 당연하다고 생각하며 앉아 버립니다. 그렇지 않고 모든 것이 관계적이라고 생각한다면, 신앙 같은 것이 없어도 윤리가 전개될 것이라고 생각합니다.

실체 개념이 아니라 관계 개념으로 사물 자체를 관찰해 보면, 우리는 지금보다 더욱 자유롭고 유연하게 사람들과 살아갈 수 있습니다.

전철 안에서는 웃으며 앉자

물론 이것은 단지 머릿속으로 한 생각이지만, 예를 들면, 전철 안에서 건너편에 기분 나쁜 얼굴로 앉아 있는 사람이 있으면, 그 사람에게 '죄송합니다만, 웃어 주지 않겠습니까?'라고 부탁해 봅니다. 그러면 그 사람은 '나는 나다, 왜 웃지 않으면 안 되지?'라고 화를 낼 것입니다. 우리는 나 혼자 존재하고 있다고 생각합니다. 하지만 과연 그럴까요? 그렇게 '혼자인 나', '실체로서의 나'는 존재하는 것일까요?

진지하게 관찰하면, 그런 혼자인 나는 존재하지 않습니다. 나 혼자 전철 안의 자리에 앉아 있는 것이 아닙니다. 나는 반대편에 마주 보고 앉아 있는 사람들 속에 분산되어 있는 것입니다. 예를 들자면, 10명의 사람이 있다면, 나는 10명 개개인의 마음속에 영상으로 있는 것입니다. 따라서 저는 '당신 한 사람이 거기에 앉아 있는 것이 아닙니다. 당신의 반대편에 앉아 있는 10명의 사람에게 당신의 좋지 않은 얼굴이 비치고 있으니까 가능하면 그 사람들의 기분이 좋아지도록 웃어 주지 않겠습니까?'라고 호소하고 싶은 것입니다.

나는 나, 상대는 상대, 이렇게 두 가지가 대립하는 곳에 다툼과 괴로움이 생겨납니다. '나 자신은 상대의 마음속에 나타나고 있습니다.' 넓게는 다른 사람들이 관계적으로 존재한다는 이 사실을 알아차릴 때, 생활방식이 바뀝니다. 길을 걷고 있다가 상대와 부딪칠 것 같으면 비켜 줍니다. 먼저 빌딩의 출입구에 들어서면 다음 사람을 위해 문을 열어놓은 채로 닫지 않고 기다려 줍니다. 그렇게 하면, 일상생활에서 종종 상대와 맞추어서 살아가려는 마음이 생깁니다.

사람과 사람은 관계적으로 존재합니다. 이것을 저는 무술을 통해서 배울 수 있었습니다. 무술로 '합기(合氣)', 곧 '기를 맞춘다.'라는 것이 있습니다. 이것은 예를 들면, 손과 손을 합할 때, 상대가 다섯의 힘으로 누르면 나도 다섯의 힘으로 끌고 달아납니다. 또 상대가 다섯의 힘으로 끌고 달아나면 나도 다섯의 힘으로 누르고 추격합니다. 이와 같이 하면, 상대의 손과 내 손이 함께 착 달라붙어서 떨어지지 않습니다. '누르면 당기고, 당기면 누른다.' 유술(柔術)의 이러한 이치에 따라서 살아갈 때, 자타가 대립하는 생활이 조금이라도 완화되겠지요.

언제인가, 돈이 없어도 보시할 수 있다고 하는 무재7시(無財七施)를 알고 안심했던 적이 있습니다. 나이가 들어서 몸을 민첩하게 움직일 수 없게 되더라도 다른 사람에게 도움이 될 수 있다는 것을 알았기 때문입니다.

화안애어(和顔愛語)라는 말이 있습니다. 항상 온화한 얼굴과 자애로운 말로 사람들을 만나는 것, 이것이 가능하면 얼마나 멋진 일인가요? 화안애어, 정말로 중요한 말입니다. 나이가 든다. 육체적으로 쇠약해진다. 다른 사람을 위해 어떤 것도 할 수 없다. 그러나 항상 온화한 얼굴과 자애로운 말로 사람들을 만난다면, 다른 사람에게 기쁨과 편안함을

타인 속의 자신

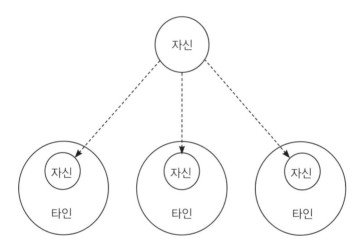

유식에 '나[我]와 너[汝]는 오직 식이 변한 것[唯識所變]이며, 인식하는 주체[能緣]이기도 하며 인식되는 대상[所緣]이기도 하다.'라는 말이 있다. 인간은 한 사람 한 우주이지만, 서로 상대를 인식하고 있다는 의미이다. 위 도식에 의하면, 자신 한 사람이 존재하는 것이 아니라, 타인 세 사람이 있다면 자신은 세 사람 속에 분산되어 있다. 타인 속의 자신, 그것을 알아차리면 엄격하게 자신을 조율하게 된다. '나는 나다. 그러한 행동을 해도 된다.'는 생각이 사라지기 시작한다.

줄 수 있습니다. 돈이 없어도 나이가 들어도 간단하게 할 수 있는 보시, 그것이 화안애어입니다.

일본에서는 아무래도 나이를 먹는 것이 부정적으로 여겨지고 있습니다. 개인적으로도 그렇게 생각하는 사람이 태반일 것입니다. 확실히 나이를 먹는 것에는 부정적인 측면이 다분합니다. 그렇지만 거기에도 훨씬 더 긍정적인 면이 있습니다. 인생을 살아온 무게가 있습니다. 그 무게가 자신과 타인을 괴롭혀서는 안 됩니다. 과일이 익어 가듯이, 우리 인간도 자연스럽게 살아간다면 반드시 아름답고 맛있는 존재로 성숙하게 될 것입니다.

저는 전철 안에서 묵묵히 앉아 있어도 사람들에게 따뜻한 분위기를 불러일으키는 그런 사람이 되는 생각을 하면서 나이를 먹어 가고 싶습니다.

감사하는 마음으로 살다

우리는 식사를 통해 삶의 에너지를 얻을 수 있습니다. 하지만 음식물을 섭취하는 것을 단순히 기계적으로, 실리적으로만 파악하는 것은 충분하지 않습니다. 식사할 때야말로 '나 자신은 무엇인가?'를 생각할 수 있는 절호의 기회입니다. 그때야말로 나는 '살아 있는 존재다.'라고 알아차릴 수 있는 고마운 기회입니다.

우선 음식을 입에 넣고 의식을 그 음식에 집중해 주십시오. 그리고 완전히 몰입해서 그 맛을 깊이 천천히 음미해 보세요. 맛있다면 더욱더 좋습니다. 그러나 비록 맛이 없더라도 '맛이 없다.'라고 불평을 하지는 마십시오. '뭐지, 이 맛은?'이라고 비난하기 전에, 이 하나를 맛보게 되기까지의 과정에 대해 생각한다면, 맛없다고 말할 수 없을 것입니다. 감사하는 마음이 생깁니다.

왜냐하면, 예를 들자면 이 참치를 맛볼 수 있는 것은 셀 수 없을 정도로 많은 조건[緣]이 작용하고 있기 때문입니다. 이 회를 만들어 준 요리사, 그 생선을 잡아 준 어부, 참치 그 자체, 그 참치를 길러 준 바다, 아득히 먼 10억 년 전에 이 지구에 생겨난 생명 한 방울, 지구, 태양……. 그리고 우주 끝의 존재까지 인과의 사슬을 거슬러 올라갈 수 있습니다. 만약 그중 한 가지라도 없다면, 이 맛있는 참치를 맛볼 수 없을 것입니다.

나아가 자신의 육체에 눈을 돌려 보십시오. 혀가 있고, 신경이 있고, 뇌가 있고, 또 60조 개의 세포가 협력하고 작용해서 하나의 맛을 느낄 수 있는 것입니다.

〈도표 28〉을 보아 주세요. 가운데에 1cm 정도의 원으로 '자기'를 그려 두었습니다. 세로축은 시간의 흐름 속에서 지구상에 생겨난 근원적인 생명부터 원시인, 부모, 부모의 정자와 난자, 출생, 출생 후의 환경·교육과 현재 자기를 형성해 온 인과의 사슬입니다.

이에 대해 가로축은 시간을 멈추고 공간 속에서 현재 자신을 존재하게 하는 것을 기록한 것입니다. 왼쪽은 나를 받치고 있는 땅, 나를 중력으로 잡아당기고 있는 지구, 그리고 빛과 온도를 주는 태양, 나아가 멀리 있는 다른 별들도 나를 지탱해 주고 있습니다. 우주의 끝도 그러합니다.

현대 우주론인 빅뱅 이론에 의하면, 우주 끝은 빛과 가까운 속도로 계속 팽창하고 있지만, 만약 그 속도가 감소하면 그 여파는 지구와 우리에게까지 영향을 미치며 나는 존재할 수 없겠지요.

이처럼 '자신 이외에 셀 수 없을 정도로 많은 다른 힘에 의해 유지되며, 도움을 받고 살고 있는 자신', 이것은 사실입니다. '자기 이외의 다른 힘'이라고 말했지만, 있는 것은 이 다른 힘뿐입니다. 이 사실에 대해 알아채서 그것을 아는 지혜가 커지면 커질수록 도표의 한 가운데 동그랗게 그려져 있는 1cm의 자기는 점점 작아져서 결국 제로가 되어

과학적 연기관

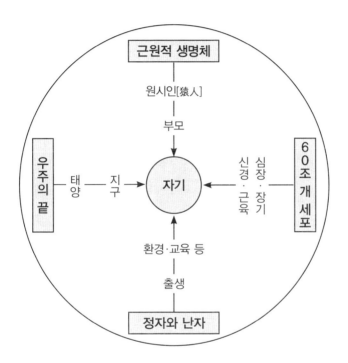

불교의 대 슬로건
'연기이므로 무아이다'

위 그림에는 '마음[심(心)]'의 연기가 고려되지 않고 있다. 따라서 '과학적 연기관'이라고 명명했다.

버릴 수 있지 않을까요.

다시 한 번 식사의 예로 돌아갑시다. 회를 먹을 때, '나는 맛있는 참치를 맛본다.'고 보통은 생각합니다. 그런데 내가 맛보는 것이 아닙니다. 혀가, 신경이, 또는 뇌가 없다면 맛있다고 하는 미각은 생겨나지 않습니다.

맛있는 참치를 먹고 행복해하고 있다고 합시다. 그 행복은 모두 혀와 같은 기관에 의해 생겨난 것입니다. 이것을 알아차린다면 '혀[舌] 씨, 감사합니다. 또는 뇌(腦) 씨, 감사합니다.'라는 마음이, 나아가 '먹이가 된 생선 씨, 생선을 잡아 준 어부 씨, 또는 태양 씨 감사합니다.'라고, 그 위에 또 헤아릴 수 없이 많은 인연에 의해, 다른 힘에 의해 살고 있다는 사실을 알아차릴 때 감사의 마음이 솟아납니다.

매일 감사하며 사는 그런 사람들이 점점 증가하는 곳에, 상대를 배려하는 인간 사회가 완성되겠지요.

천장도 나의 생명을 지탱해 주고 있다

자신 이외의 무수히 많은 인연에 의해 살고 있기 때문에 '나'라는 것은 존재하지 않는다는 것을,

"연기이므로 무아다."

라고 합니다. 이 가르침 중에 바로 저 집요한 자아집착심 (말나식)을 없애는 특효약이 감춰져 있습니다.

우선 첫째, 앞에서 서술한 바처럼 자신은, 자신 이외의 수많은 인연에 의해 지금 여기에 살고 있다는 사실을 인식할 때, 지금까지 '나'라고 불렀던 것이 과연 무엇이었는지를 다시 생각해 보아야 한다는 것을 알아차립니다. 그리고 '나'라는 것은 단지 말의 울림일 뿐이며, 그것이 지시하는 것은 존재하지 않는다는 생각을 하게 됩니다.

둘째, 연기에 대한 이해가 깊어질수록 다른 사람에게 고맙다는 생각이 깊어집니다. 그리고 그것은 자아에 대해 집착하는 마음이 없어지게 합니다.

이전에, 대학의 학생부가 기획했던 일박 체험 여행에 참가하여, 학생들과 함께 나라(奈良)에 있는 절에 숙박하게 되었습니다. 절에서 숙박하는 것은 대부분 학생들에게 처음 있는 일이었습니다. 각자 소중한 체험을 한 것 같습니다. 그중 모두에게 아침 식사 체험이 가장 힘들었습니다. 전원이 몇몇의 승려와 함께 정좌 자세로 앉아서 거의 말을 하지 않고 식사를 했습니다. 다리가 저려와 얼굴을 찌푸리거나, 좀이 쑤셔서 양 다리를 움직이는 학생들이 많았습니다. 정좌를 거의 하지 않는 현대인들의 생활 습관 때문이겠지만, 그래도 이 정도까지 정좌에 약할지 몰랐습니다. 저는 놀란 눈으로 이 광경을 바라보았습니다.

우리는 발을 보고 늘 '나의 발'이며, 나의 발을 내 뜻대로 조종할 수 있다고 생각합니다. 그러나 저 정좌를 하는 동안 발이 저렸던 학생들에게는 그렇지 않았습니다. 단지 30분 정도 정좌를 했을 뿐인데 자신의 것으로 생각했던 발이 자기 생각대로 움직이지 않는 발이 되고야 말았습니다. 거기에는 이제 발을 지배하는 나는 없습니다.

정좌로 인해 발이 아팠던 학생은 '나의 발이다.'라고 쭉 생각해 왔는데 이제 반대로 '발에 의해 자신이 살고 있다.'는 것을 깨닫게 되었습니다. 지금까지 아무렇지도 않게 자신의 신체 일부라고 생각했던 두 발이 자신이 살아가도록 해 주는 고마운 존재라는 것을 인식하게 된 것입니다.

자신이 살아가도록 해 주는 것은 발뿐만이 아닙니다. 나 이외에 모든 것이 나의 생명을 지탱해 주고 있습니다. 이것은 결코 과장된 표현이 아닙니다. 예컨대, 이렇게 책상에서 무엇인가를 쓰고 있는 나에게 천장도 나의 생명을 지탱해 주고 있습니다. 왜냐하면, 만약 천장이 무너지면 그것이 나를 뭉개 버릴 것이기 때문입니다. 천장은 나에게 어떤 것도 해 주지 않는다고 생각하지만, 그것이 무너지지 않는 것으로 나를 살게 합니다. '나의 생명을 지탱해 주는 것'이라면, 보통 뭔가 적극적인 버팀목을 생각할 수 있습니다. 그러나 진지하게 생각해 보면, 나에게 어떤 것도 해 주지 않고 있다고 여겨지는 사람 그리고 물건도, 소극적이지만 나의 생명을 지탱해 주고 있습니다.

제가 불교를 배우기 시작하면서 처음 알고, 놀라서 감동했던 교리는 인연 가운데 하나인 증상연이라는 가르침입니다. 이것에는 '유력(有力)의 증상연(增上緣)'과 '무력(無力)의 증상연(增上緣)'이 있습니다. '유력의 증상연'이란 적극적으로 힘이 되고 돕는 인연입니다. 그 예로서, 자연계에 있는 태양, 내가 평소에 사용하는 물건, 가까운 부모, 어려울 때 도움을 주는 지인·친구들이 있습니다. 이에 대해서 '무력의 증상연'이란 장애를 일으키지 않는 증상연이라고 하며 자신의 존재를 방해하지 않는 인연을 의미합니다. 앞에서 말했듯이, 나에게 적극적으로 작용하지는 않지만, 나의 생존을 방해하거나 위협하지는 않는 사물(천장과 자연계)과 사람이 그에 해당합니다.

물론 부모와 친구가 없다면 또는 직접 먹는 음식이 없다면 나는 살 수 없습니다. 그런데 나를 가만히 잠자코 바라봐 주는 사람 또는 나에게 적극적으로 작용하지 않는 사

소극적이지만
생명을 유지해 주고 있는 것

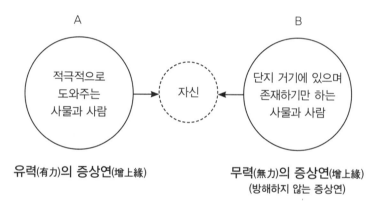

우리는 왼쪽 A의 존재, 즉 적극적인 존재뿐만이 아니라 오른쪽 B의 존재,
즉 소극적인 존재도 알아차리는 것이 중요하다.

물과 자연이 나를 살아가게 해 주는 것임을 알아차릴 때, 뭐라 말할 수 없는 감사의 마음이 생겨납니다. 동시에 그때까지 '나'라고 생각했던 내가 보잘것없는 것으로 사라집니다. 그리고 새롭고 광대한 내가 탄생한 것 같은 기분이 듭니다.

'근원적인 생명'을 사랑하다

자연과학의 눈부신 발달 덕분에 우리 인류는 많은 것에 대해 알게 되었습니다. 그 한 가지가 36억 년 전에 지구상에 생명이 나타났다는 것, 그리고 적어도 이 태양계에는 지구 이외에 생명이 존재하지 않는다는 것입니다. 태양계만이 아닙니다. 아마 해왕성 주변을 통과해서 태양계의 바깥으로 날아간 저 우주탐사선 보이저(Voyager)는, 결코 지구처럼 생명이 넘치는 별을 영원히 발견할 수 없을 것입니다.

지구는 얼마나 생명력이 풍부한 별입니까? 이전에 다테시나(蓼科)에 있는 친구의 별장에서 1주일 정도 여름을 보낼 기회가 있었습니다. 그곳에서 저는 상쾌한 아침 공기를 마시며 삼림욕을 즐길 수 있었습니다. 길을 가면서 아름다운 고산식물들을 만났지요. 바꽃, 용담, 산토끼꽃, 원추리,

마타리……. 친구가 이런 이름을 알려 주어서, 식물의 종류가 많다는 것 그리고 색과 형태가 자아내는 자연의 조형미에 경탄을 금치 못했습니다. 높은 지대만이 아닙니다. 이전에 신문에서, 해양과학기술센터의 잠수조사선이 일본 킨카산(金華山) 섬의 6500미터 해구 밑바닥에서 촬영했던 해삼의 사진을 보도했습니다. 그처럼 깊은 바다에도 4개의 뿔을 가지고 플랑크톤을 먹으며 살아가고 있는 생물이 있다는 것은 얼마나 놀라운 일입니까?

그렇다면, 왜 이 지구상에는 셀 수 없을 정도로 많은 종류의 생물이 생겨난 것일까요? 우주의 창조자가 존재하며 그의 아이디어와 설계에 기초해서 이러한 것들이 만들어졌다면, 신화적·종교적 관점에서 이에 대해 대답할 수 있을 것입니다. 물론 그것도 하나의 해석이며 입장입니다. 그러나 저는 그렇게 생각하고 싶지 않습니다. 저는,

'무엇인가 보편적인 하나의 생명력이 있고, 그 생명력 자체의 '의지'에 기초해서 생명이 여러 가지 형태로 분화 발전해 왔다.'고 생각하고 싶습니다.

나무와 꽃과 같은 식물에도, 박테리아와 작은 곤충들에게도 '살고 싶어 하는' 의욕이 있다고 저는 상상합니다. 그 의욕에 의해 박테리아는 세포분열을 반복하고, 곤충은 생

식 행위를 통해서 종(種)을 존속시키고 있다고 생각하고 싶습니다. 그리고 그 의욕의 배후에 '자기에 대한 집착'이 있다고 생각합니다. 물론, 마음이 없는 식물과 같은 것에는 그러한 집착심과 같은 것이 있을 리가 없다고 반론하는 분도 계시겠지요. 그러나 식물에게 그것을 물어본 사람은 아무도 없으며, 제가 말하는 '집착심'은 언어와 감정으로 인해 강하게 형성된 인간에게 나타나는 것과 같은 집착심이 아닙니다. 저는 '생명을 가지고 살고 있다.'는 것 자체 속에, 어떤 의미에서는 '자신에 대한 집착'이라는 작용이 있다고 말하고 싶은 것입니다. '집착심'이라는 마음이 있다고까지는 말하지 않아도, 그러한 '작용' 또는 '에너지'가 있는 것은 아닐까라고 생각합니다.

그리고 앞에서 말했던 보편적인 생명력은 그러한 작용 또는 에너지이고, 그 힘 또는 에너지가 자아에 집착하는 하나의 작용을 통해서 개체 속에 갇힌 것, 그것이 개개의 박테리아, 곤충, 동물 그리고 우리 인간 각각의 '생명'이라고 저는 생각하고 싶습니다.

이 보편적인 생명력을 지금 '근원적인 생명'이라고 명명하겠습니다. 그리고 이 근원적인 생명인 뿌리에서 싹이 자라서 줄기가 되고 그것이 수많은 가지로 나뉘어져, 이후 그

곳에 솟아난 하나하나의 잎이 수많은 생물이라고 생각하고 싶습니다.

이러한 입장에서 단숨에 이야기를 비약하지만, 타인을 진정으로 사랑한다는 것은 타자 속에 있는 그러한 '근원적인 생명'을 인지하고 그것을 사랑하는 것이라고 생각합니다. 이에 관해서 제가 좋아하는 성인 야쥬냐바르키야의 말을 소개하면,

"남편을 사랑하기 때문에 남편이 사랑스러운 것은 아니다. 아트만을 사랑하기 때문에 남편이 사랑스러운 것이다. 아내를 사랑하기 때문에 아내가 사랑스러운 것은 아니다. 아트만을 사랑하기 때문에 아내가 사랑스러운 것이다."

라는 말입니다. 아트만은 각 개인의 진실한 자기이며 동시에 각 개인을 초월한 보편적인 진실재(眞實在)입니다. 따라서 이 말은, 타자를 사랑하는 것은 개인을 사랑하는 것이 아니라 개인 속에 있는 보편적인 진실재를 사랑하지 않으면 안 된다는 것을 가르쳐 주고 있습니다. 저는 이것에 견주어서 아트만을 '근원적 생명'으로 바꾸고, 타인을 사랑한다는 것은 개인 속에서 활기차게 작용하고 있는 '근원적 생명'을 사랑하는 것으로 생각합니다.

그렇다고 해도 그것은 상당히 어렵습니다. 나는, 자신 속

생명을 사랑하다

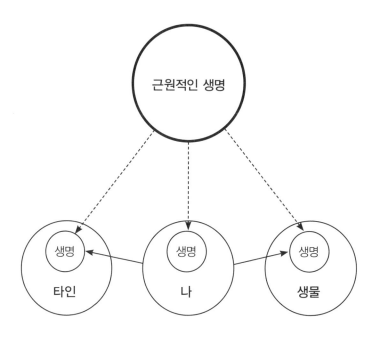

불교 용어로 '근원적 생명'을 진여(眞如)라고 할 수 있을까?
진여란 '있는 그대로 있다'는 의미로 산스크리트어 따타따-(tathatā)의 번
역어이다. 그것은 '모든 것에 존재하다'[遍行], '동일한 본연의 상태'[一味],
'맑다'[清淨]로 정의된다.

에 자아의식이 작용하고, 자아에 채색된 이기심이 작용하며, 타인을 '나에게는 남'이라고 생각해, '근원적 생명을 가진 타인'이라고 인지할 수 없게 됩니다. 부모와 자식의 동반자살이 자주 생각납니다. 그것은 정말로 어리석은 일입니다. 저는 이런 일을 생각하면 분노를 느낍니다. 아이는 확실히 근원적인 생명에서 태어났으며, 근원적인 생명을 가지고 있는데, 어떻게 '자신의 자식'이라고만 생각하고 죽음까지 동반합니까? 그것은 자신에게 집착한 나머지, 아이의 진정한 본질을 잃어버린 것입니다.

타인을 진정으로 사랑할 수 있기 위해서 자아에 대해 집착하는 마음을 없앨 필요가 있습니다.

이분법적 사고를 끝내자

약간 센세이셔널한 표현입니다만, 저는 최근 세계적인 문제를 짊어지고 살아가야 하는 21세기 사람으로서,

"이분법적인 사고를 종언시키자!"

라고 호소하고 싶습니다.

이분법적 사고란, 가령, 두 개의 관(管)을 통해서밖에 사물을 볼 수가 없어서 사물을 A와 A가 아닌 것으로 나누어

파악하는 사유방식입니다. 예컨대, 유와 무, 나와 타인, 같음과 다름, 선과 악 등과 같이 대립적으로 생각하는 것입니다. 물론 세속에서 그리고 사회 속에서 사는 경우 이러한 사고는 필요합니다. 그러나 이런 이분법만으로 세계를 구축하고, 이 말이 표현한 그대로 모든 사물이 실체로서 존재한다고 그렇게 집착하며 살고 있는 곳에, 가까이는 일상생활의 대립이, 궁극적으로는 전쟁과 같은 대립이 생겨납니다.

정말로 '나'와 '타자'는, 즉 '자'와 '타'는 각각 대립하고 있는 것일까요? '있다'와 '없다'는 존재의 양태를 여실히 표현한 말일까요?

존재에 몰입하여 존재와 합일되었을 때, '있다, 없다'고 말해 봅시다. 그때 '유'와 '무'라는 말은 마치 뜨거운 프라이팬에 뿌려진 물방울처럼 한 순간에 튕겨져 버리게 됩니다.

존재 그 자체의 상태는 결코 언어로 표현할 수 없습니다. 그러나 굳이 말한다면, '있을까, 없을까'가 아니라 차라리 '있으면서 없고, 없으면서 있다.'라고 할까요?

예컨대, 시각에 대해 생각해 봅시다. 눈을 뜨면 보이고 눈을 감으면 그 시각은 없어지고 맙니다. 잠들어 있으면 아무 것도 없습니다. 즉 무(無)입니다만, 깨어나면 단숨에 세계가 있는 것으로 현현해 옵니다. 이처럼 모든 존재는 있으면서 없고, 없으면서 있는 것입니다.

물론 유럽사상은 영혼이 불멸한다고 말합니다. 또한 일본의 토착신앙에서는 사후에도 선조의 영혼이 계속 존재한다고 생각합니다. 그러나 이러한 생각은 어디까지나 신앙의 영역에 있는 생각이며 여실하게 관찰된 사실이 아닙니다. 사실을 사실로서 관찰하고 그것을 사고의 근본 토대인 본연의 상태로 삼는 것이 21세기, 지구가 하나가 되는 시대에 필요한 것이 아닐까요?

현재 세계에는 다양한 신앙이 범람하고 있습니다. 때로는 대결하고 있습니다. 그것이 공존하기 위해서는 그러한 모든 신앙이, 그 토대에서 살아갈 수 있고 호모사피엔스인 한 누구라도 인정하는 '사실'을 서로에게서 확인해야만 한다고 생각합니다.

저는 그러한 사실을 확인한다면, 전술한 바처럼 사물은 '있으면서 없고, 없으면서 있다.'라는 말로 표현된다고 생각합니다. 이처럼 유즉무(有卽無)·무즉유(無卽有)로 보는 사람이 생기 있고 부드럽고 강인하게 살아갈 수 있습니다. '유일까, 무일까'라고 이분법적으로 생각하기 때문에 유(有)에 집착하고 무(無)를 두려워합니다. 나는 있지만, 죽으면 없어질지도 모른다고 불안해합니다. 그렇더라도 나는 본래 있으면서 또한 없고, 없으면서 또한 있는 것으로 생각할 때 그러한 불안감이 조금은 줄어들지 않을까요?

사물을 보는 방법은 좀처럼 변하지 않습니다. 그래도 지금까지의 생각을 조금이라도 반성해 본다면 거기에 새로운 자기가 눈앞에 나타날 것입니다.

그런데, 있으면서 없고 없으면서 있다고 하는 견해를 실생활 속에 살리기 위해서는 어떻게 하면 좋을까요? 예컨대, '나'에 대해서 생각해 보면, 나는 계속해서 존재할 것이라고 생각하기 때문에 거기에서 고뇌와 고통이 생겨납니다. 왜 나는 이러한 인간일까? 나는 타인에 비해서 얼마나 열등한가? 저 사람에게 미움을 받고 있을지도 모른다……등과 같이 고민하면서 괴로워합니다. 그러나, 그러한 나는 없다고 생각해 보는 것입니다. 물론 다시 생각해 보는 것보다 사실로서 그것을 깨달을 수 있다면, 그보다 좋은 것이 없습니다. 그러면 고민하고 있는 나, 집착하고 있는 나 자신으로부터 조금은 해방되지 않을까요? 그러나 나 자신은 전혀 없는 것이 아니라 없는 듯한 그러한 나 자신을 소중히 여기고, 나와 타인을 위해서 자신의 에너지를 효율적으로 사용하자는 생각을 하게 됩니다.

두 가지 관(管)을 통해서 보다

좁은 식견[管見]

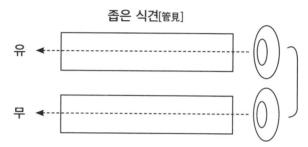

유 ←

무 ←

'유', '무'는 인간 쪽에서 붙인 티끌 같은 것.

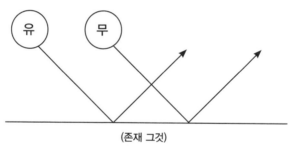

유   무

(존재 그것)

알 수 없음[불가사의(不可思議)] · 말로 표현할 수 없음[불가언설(不可言說)]
말이 없고 생각이 끊어짐[언망려절(言亡慮絶)] · 공(空) · 진여(眞如)

진리란 무엇인가?
문수(文殊)는 '불이(不二)'라고 답했다.
유마(維摩)는 '아무 말 없이[묵연(默然)]' 그대로 앉아 있었다.

– 유마의 말없이 천둥같이 [『유마경(維摩經)』 소설(所說)]

'생각'과 '말'에 굴복하지 않는 마음

정치·경제계의 부정 사건과 젊은이들의 안이한 살상 사건 등 암울한 보도가 계속되고 있습니다. 더는 신문을 읽고 싶지 않다는 생각이 드는 것이 저 혼자만은 아닐 것입니다. 왜 이처럼 세계는 혼란스러워진 것일까요? 저는 우리 현대인 각자의 마음이 너무 바깥으로 치닫고, 돈, 명예, 지위, 편리함 그리고 밖으로만 행복을 추구하는 것에 그 근본 원인이 있다고 생각합니다. 무엇보다도 현대는 돈도 지위도 명예도 아닌 '한 층 더 중요한 것'이 마음속에 있다는 것을 깨닫고, 그것을 획득하기 위해 삶의 방식을 바꾸는 것이 요구되고 있는 시대입니다. 여기에 잠깐 마음을 되돌려 우선 마음이 일으키는 빅뱅을 생각해 봅시다.

이 우주는 50억 년 전에 빅뱅이 일어나 생겨났으며 현재도 계속 팽창하고 있다는 우주개벽설은 주지의 사실입니다. 이것은 물론 자연과학적으로 봐서 진리입니다. 그런데 이 진리는 저에겐 외부의 정보에 의해 주어진 소위 추상적인 사실이고, 저 자신이 직접 체험한 것은 아닙니다. 이에 비해 저 자신이 몸소 만들어 낸, 저 자신만이 인식할 수 있는 마음의 세계는 매일 아침 빅뱅에 의해 생기는 것이라고 할 수 있겠지요. 왜냐하면 눈을 뜬 순간, 시공(時空) 없는 깊은 잠에서 단숨에, 시간과 공간에서 이루어진 이 광대한 세계가 나타나기 때문입니다. 이것은 제가 매일 아침 경험하는 구체적인 사실입니다.

그리고 이처럼 소위 빅뱅으로 생겨난 세계는 '나'와 나 자신이 아닌 '타자'로 나누어진 세계로 변모합니다. 이어서 '오늘은 무엇을 해야 할까?'라고 생각하거나 '오늘은 이러이러한 것을 하지 않으면 안 된다. 마음이 무겁다.'라는 생각이 생겨납니다. 이처럼 생각하는 '말'과 고민하는 '생각'에 의해, 잠에서 깨어나 눈을 뜬 순간 '가공하지 않은 세계'가 복잡하게 채색되고 가공된 이원 대립의 세계로 변모합니다. 저는 그 세계 속에서 매일 우왕좌왕하면서 살아가는 것입니다.

저는 최근 '생각'과 '말'에 굴복하지 않는 마음을 기르자고 호소하고 있습니다. 우리는 생각과 말에 농락되어 진정한 삶을 놓치고 있습니다. 예컨대, '저 사람은 밉다.'라고 생각하고 그렇게 말합니다. 만약 나의 마음속에 '미움'이라는 생각과 말이 생기지 않는다면, '미운 사람'은 절대로 존재하지 않습니다. 그 사람 그 자체는 본래 '밉지도 않고 밉지 않은 것도 아닙니다.' 이른바 색깔이 없는 사람인데, 내가 생각과 말로 밉게 채색해 버린 것입니다. 이처럼 우리가 인식하는 세계는 '있다'가 아니라 '되다'인 것입니다. 된다기보다는 자신이 만들고, 그처럼 '하게 한다'고 말하는 것이 좋을지도 모르겠습니다. 따라서 어떤 사람을 미워하기 전에 "죄송하지만 당신을 밉다고 생각하겠습니다."라고 미리 양해를 구하고 그 사람을 미워한다고 생각해 보면 어떨까요?

어쨌든, 세상은 무명(無名)이고 무색(無色)의 세계였던 것입니다. 잠에서 깨어나 눈을 뜬 순간의 세계는 그렇습니다. 그것이 자타 대립의 세계로 변해서, 저렇게 생각하고 이렇게 고민하며 때로는 화를 내고 다투면서 하루를 마무리하고 맙니다. 우리는 그러한 대립 상태인 매일을 살아가고 있습니다. 그리고 한 달, 한 해가 가고, 눈 깜짝할 사이에 미워하고, 괴로워하며, 싸우면서 일생을 마치게 되겠지요. 그러면 인생이 얼마나 허무한가요. 서둘러서 그 수렁에서 빠져나오려고 결심하는 것이 중요합니다.

그러면 어떻게 빠져나와야 할까요? 이를 위해 우선, 두 가지 대립한 자타(自他)·피차(彼此)의 세계로부터 원래 대립이 없는, 이름이 없는, 진짜 세계로 돌아가는 힘을 배양해야 합니다. 그리고 그 힘이야말로 염(念)·정(定)·혜(慧)로 전개되는 마음의 움직임이라고 생각합니다. 여기서 염(念)

본래의 세계로 돌아가다

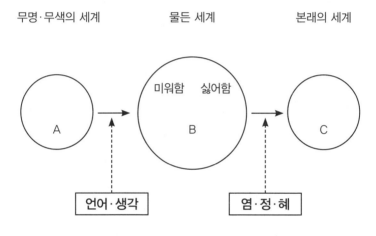

무명·무색의 세계   물든 세계   본래의 세계

미워함   싫어함

A   B   C

언어·생각   염·정·혜

A ——— 의타기성의 세계
B ——— 변계소집성과 의타기성의 세계
C ——— 원성실성의 세계(자성청정심)

은 '명확히 기억해서 잊지 않는 것[明記不忘]'이라고 정의되는 것처럼, 마음속에 있는 영상이나 이미지를 명료하게 기억해서 그것을 없애지 않고 항상 생각하고 계속 유지하는 힘입니다. 예를 들면, 좌선하면서, 자신이 숨인지 숨이 자신인지가 될 정도로 숨에 계속 집중해 보십시오. 거기에 이원 대립이 없어지고, 고요하며 안정된 마음이 나타납니다. 그것이 정(定)의 마음입니다. 그리고 안정된 마음 위에 자기 생각과 언어가 소멸한 '있는 그대로의 세계'가 비칩니다. 그것이 '혜(慧)'의 마음이 작용하는 것입니다.

이처럼 '염(念)'에서 시작해서 '정(定)'·'혜(慧)'로 전개되는 마음을 반복해서 일으킴으로써 마음을 연마하면, 지금까지 알아채지 못했던 '멋진 것'을 몸소 마음속에서 얻을 수 있습니다. 돈, 지위, 명예는 밖에서 얻는 것입니다. 그 멋진 것이란 뭘까요? 자신의 마음 깊은 곳에 있으며, 보다 소중한, 둘도 없는 것을 획득하는 것이 매우 필요합니다.

'나'라는 말을 잊고 말하자

나의 손을 나 자신이 본다고 할 때의 '나'라는 말에 대응하는 것은 없습니다. 즉 '나'라는 말의 울림만 있을 뿐이라는 것은 이미 여러 번 말했습니다. '나'라는 것은 존재하지 않습니다. 그걸 알아챘다면, '나는 ~ 한다.'는 식으로, 자신을 주어로 하는 표현은 그만두고 그냥 ' ~ 한다.'는 식으로 말해 보는 것은 어떨까요? 즉 동사로 표현해 봅시다.

확실히 명사로 말하면, 거기에 어떤 '실체'적인 것을 상정하고 맙니다. '나'라고 하면, 나라는 '것'이 있다는 전제에서 말하고 있어서, 그렇게 말하는 것에 의해, '나'라는 본래 존재하지 않는 '것'이 점점 강하게 그 존재성을 증가시킵니다. '나'라는 것이 비중을 늘리고, 그것이 대립을 만들어 때로는 불행한 사건을 불러일으키는 예를 들어 봅시다.

그 하나가, 일본뿐만 아니라 전 세계에서 발생하는 고부 간의 대립입니다. '나는 시어머니이다. 나는 내 자식을 길러 이 집을 지켜 왔다.'는 의식 아래, 새로 들어온 자식의 배우자를 며느리로 여기고 그녀를 따뜻하게 맞이하면 좋지만, 반대로 그녀와 서로 으르렁거리고 때로는 가정 전체가 파국으로 치닫기도 합니다. 가정뿐만 아니라 학교, 사회, 그리고 국가도 똑같습니다.

지금, 이스라엘과 팔레스타인 사이에 비참한 항쟁이 벌어지고 있습니다. "나는 유대교인이고, 너는 이슬람교도다. 따라서 이 성지는 절대로 내주지 않는다."고 완고하게 주장합니다. 이것만이 아닙니다. 과거에도 몇 번이나 종교전쟁이 반복되었습니다. 그러한 것은 모두 '나는 ~교를 믿고 있다.'는 의식이 활동하고 있기 때문입니다. '나'를 그리고 '~교'를 잊어버립시다. 다만 존재하는 것은 '믿고 있다.'는 마음의 작용, 에너지의 전개만이 있을 뿐입니다.

믿음, 그것은 모든 인간에게 공통으로 존재하는 마음의 양상입니다. 모두 고통에서 벗어나기 위해 그리고 사람들과 함께 행복한 세계를 만들기 위해 '믿습니다.' 그런데도 대립하고 싸우는 것은 본말이 전도된 어리석은 행위입니다.

정말로 일체는 그저 에너지의 변화체일 뿐입니다. 제행무상입니다. 나도 순간순간 생겨나서 멸하는 불연속의 연속체입니다. 따라서 에너지의 흐름을 '나'라는 명사로 파악하는 것은 틀린 것입니다. 오히려 그 변화체를 동사로 표현하는 것이 사실에 가깝습니다.

타인과의 관계도 마찬가지입니다. '나는 당신을 ~ 한다.'고 하면, '나'와 '당신', 즉 서로 마주 대하는 실체가 있다고 믿어 버리게 됩니다. 그러나 그것은 틀린 생각입니다. 왜냐하면 이미 나는 없기 때문에 '당신'도 존재하지 않는 것입니다. 아니, 있다고 말해도 좋지만, 그 상태는 관계적으로

1. 다른 사람과의 관계 속에서 살다

명사가 실체적인 '것'을 만든다

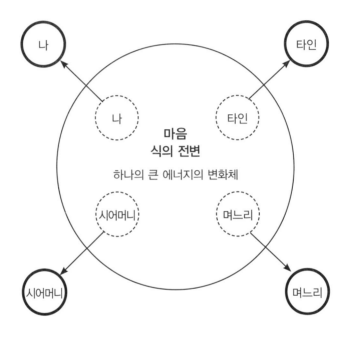

노도처럼 변화하고 멈추지 않는 마음만이 존재한다. 그 마음의 모습을 세친은 『유식이십론』, 『유식삼십송』에서 '식의 전변'으로 표현한다. 모든 것은 변화한다는 것은 삼법인의 한 가지인 '제행무상'에 이미 서술되어 있다. 그 무상인 이유로, '연기이기 때문에 무상이다'라는 논리가 원시불교에서 설해지고 있지만, 유식파는 연기를 '의타기'라는 말로 바꿔 말한다. 이 무상이며, 의타기법이며, 연기법인 하나의 큰 에너지의 변화체인 '마음' 속에서, 명사[명(名)]에 의해, 소위 그 에너지를 억지로 정지시켜서 마음 밖으로 내놓아, 실체인 것으로 생각해 버린다.

있는 것입니다.

상대와 동사만으로 서로 이야기해 봅시다. 예컨대, '나는 당신을 사랑한다.'라고 말하는 대신에, 그저 '사랑한다.'고 마음을 담아서 말한다면, 그 생각이 보다 강하게 상대에게 전해지지 않을까요?

이전에, 화가인 스위스 친구가 "어딘가 외딴 섬에서 살면서 가능한 한 서로 말도 나누지 말고 살아 보자. 그러면 더 친해질지도 몰라."라고 제안한 적이 있습니다. 그것도 분명히 재미있는 생각이지만, 거기에 덧붙여 '나'라는 주어를 잊고 서로 이야기를 나누면, 거기에 새로운 인간관계, 대립하지 않는 세계가 생겨날지도 모릅니다.

상대방이 되어 보자

인간은 좀처럼 에고를 없앨 수 없습니다. 자기를 없애고 남에게 힘쓰라고 해도 그것은 쉽지 않습니다.

인간은 항상 자신을 중심으로 자신을 위해 살고 있다고 해도 과언이 아닙니다. 길을 걷고 있으면 앞에 오는 타인과 부딪칠 것 같습니다. 그때 가능하면 상대가 피해 주면 좋겠다는 생각이 듭니다.

전철의 자리를 차지하려는 것은 그야말로 굉장한 에고의 만남입니다. 경쟁적으로 타자를 배제하면서 자리를 향해 돌진합니다. 이처럼 우리 범부는 무엇을 하더라도 모두 나에게 되돌아오는 행동 이외에는 할 수 없습니다. 악한 행위만이 아닙니다. 타인에게 뭔가 선한 것을, 예컨대 자리를 양보하는 경우, 거기에 어떤 생각이 남아 있지 않은 사람은 없습니다. 행위만이 아닙니다. 일체의 사물을 판단할 때에도 나를 중심으로 하게 됩니다. 논의를 합니다. 논쟁을 합니다. 그때 상대에게 지게 될 것 같으면, 무리를 해서라도 주장하려고 고집을 부리는 일이 왕왕 있습니다. 가는 말이 고와야 오는 말이 곱다는 말이 있습니다. 이제 핑계 따위는 아무래도 좋습니다. 자기를 방어하기 위해서 내내 토론만 일삼게 되어 버릴 수도 있습니다. 집 위에 집을 거듭 쌓아 올려서 때로는 협기(俠氣)에 휘말리는 일조차 있습니다.

이처럼 행위와 판단에 있어서 모두 자기중심적으로 되고, 그 결과 자타 대립의 세계가 생겨나서 가정, 직장, 사회에서 여러 가지 대립 분쟁이 생겨나고, 그 극한에는 저렇게 비극적인 국가 간의 전쟁이 일어나는 것입니다.

그렇다면 그러한 대립을 없애기 위해서는 어떻게 하는 것이 좋을까요? 거기에는 자기중심적 판단과 행위를 없애는 것 이외에는, 그리고 궁극적으로는 그러한 판단과 행위를 가져오는 이기심을 없애는 것 이외에는 방법이 없습니다. 그렇다고 하더라도 에고를 없애는 것은 어렵습니다. 머리로 생각해도 좀처럼 배가 말하는 것을 들을 수 없습니다.

그래도 한 가지 방법이 있습니다. 그것은,

'상대가 되어 보는'

것입니다. 우리는 '저 사람은 밉다.' '미운 사람이 저기에 있다.'고 생각합니다. 그러나 한 걸음 물러나 내 마음을 조용히 관조해서 분석해 봅시다. 그러면,

'내 마음속에 미움이라는 기분이 생겼기 때문에 미운 사람이 마음속에 나타난 것이다.'

라는 것을 알아차리게 됩니다. 미운 사람이 있을지도 모르겠습니다. 그러나 미움이라는 생각이 내 쪽에 일어나지 않는다면, 밉다고 생각하는 사람은 나타나지 않습니다. 이것은 사실입니다.

이 사실을 알아차리고, 거기에서 밉다고 생각하는 사람에게 몰입해 보겠다고 결심합니다. 그러면, 미움이 사라지고 지금까지 알아차리지 못했던 그 사람의 새로운 면이 보일지도 모릅니다. 물론 이런 시도를 한 번만 하는 것으로 미운 마음이 사라지지는 않습니다. 그래도 사람을 미워한

다는 것은 상대에게도 나에게도 고통을 주는 것이라고 반성하고, 상대가 되어 보려는 노력을 반복하다 보면, 사정은 크게 변합니다.

듣고 있어도 상대의 입장에서 듣는 것이 필요합니다. 흔한 일이지만 어디까지나 내 주장을 고집하는 논쟁은 덧없습니다. 그렇다면 내실 있고 유의미한 논쟁을 전개하려면 어떻게 해야 할까요?

결론부터 말하면, 그것은 우선 '끝까지 상대의 말을 듣는' 자세를 가지는 것입니다. 보통 상대의 주장과 반론을 들을 경우, '좋아, 나는 이렇게 반론을 해 보자!'는 자세와 생각으로, 때로는 상대방의 의도를 듣지 않은 채 반론만을 위해 듣고 있는 경우가 왕왕 있습니다. 아니, 대부분의 경우 그렇지 않을까요?

그런 자세를 가지지 않고, 상대방의 입장에서 상대방과 자신을 되도록 나누지 않고, 상대의 눈을 보며, 마음을 상대방에게 투입하기 위해 상대의 소리에 귀를 기울이려고 노력하면, 상대방의 소리가 표층의 마음을 통과하여 심층의 마음속에 깊이 스며들게 됩니다. 그러면 표층에서는 생각하지도 못했던 마음의 영역이 상대방의 언어에 의해 진동하기 시작하고, 그것이 지금과는 다른 목소리가 되어 표

행동이 되돌아옴

(선한 행동)

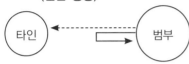

유루선(有漏善) — 루(漏)는 번뇌. 자기를 의식하면서 하는 선한 행위.

(선한 행위가 자신에게 되돌아온다)

무루선(無漏善) — 이기심 없이 행하는 선한 행위. 성인이 되어서 할 수 있는 선한 행위.

(선한 행동이 모두 타인에게 집중된다)

(미워하는 행위)

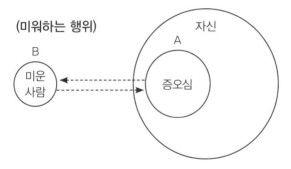

연기의 이치 *(A가 있으므로 B가 있다. A가 없으면 B는 없다)*에 의해서 반성한다.

(몰입하다)

상대 ← 염(念)의 힘 ← 나

층에 생겨납니다.

완전히 몰입해서 듣는 것은 꽤 어렵지만, 아무튼 실천해 봅시다. 거기에 새로운 인간관계가 열리길 기대하면서…….

나선적으로 살자

인도에서 생겨난 생사윤회라는 생각이 있습니다. 태어나 죽고 또다시 태어나서, 고통의 바다를 계속 표류한다는 생각입니다. 이번 생에 악한 것을 행하면 내세에는 지옥에, 반대로 착한 행동을 하면 하늘에 태어난다는 것입니다. 이 것은 과거세에서 현세, 나아가 현세에서 내세에 걸쳐 있는 윤회관입니다. 이것도 하나의 신앙으로서 현세에서 인간이 사는 방식을 규제합니다.

그러나 이와는 별도로, 현세에서 생사윤회를 생각할 수도 있습니다. 그것은, 예컨대 우리가 사는 매일 매일이 소위 이차원의 평면에서 원운동으로 끝나는 삶이며, 그것을 윤회로 파악할 수 있습니다. 이차원의 원운동은 항상 같은 곳을 회전합니다. 거기에는 어떤 변화나 발전이 없습니다. 목적 없이 타성에 젖어 사는 매일 매일, 매년 매년, 심경(心境)도 환경도 변화가 없는 생활, 쓸데없는 이야기와 기분 전환으로 지새우는 나날, 그것은 거창하게 말하자면 지옥 속에서 살고 있는 것과 같습니다.

그러면, 그러한 이차원의 원운동을 삼차원의 나선 운동으로 변화시키는 힘은 도대체 무엇일까요? 결론부터 말하자면, 그것은 어떤 보편적인 목적을 향해서 살아가고자 하는 보편적인 의지라고 생각합니다. 그 보편적인 목적, 보편적인 의지는 어떤 것일까요?

보편적인 목적은 개인을 넘어선 공통의 목적을 의미합니다. 정말로 한 사람 한 우주이며, 그 한 사람 한 사람은 견고하고 집요한 이기심으로 행동합니다. 따라서 그 행위는 반드시 자신에게 돌아옵니다.

예컨대, 다른 사람을 위해 착한 행위를 한다고 생각해도, 조용히 반성해 보면 자신을 위해 행동하는 면이 다분히 있다는 것을 알 수 있습니다. 하루의 행위가 자신에게 돌아오며, 자신은 더욱더 무거워져서, 나선적인 운동으로 비약할 수 없게 됩니다. 따라서 빨리 보편적 목적을 모색해서 그것을 발견하고, 그것을 향해서 보편적인 의지를 발동해야 합니다.

그러나, 그러한 목적을 우리는 좀처럼 볼 수 없습니다. 왜냐하면 큰 이기심을, 즉 아집·아애를 가지고 있기 때문입니다. 그 견고하고 집요한 이기심을 조금씩 줄여 가면, 서서히 목적이 보일 것입니다.

우선 에고를 없애겠다고 결심합니다. 그리고 그것을 위해 머릿속만으로도 좋습니다. '나 따위는 아무래도 좋다. 세상의 사람들을 위해 이 주어진 에너지를 계속해서 불태우자!'라고 서원하고 매일 정진할 때, 어느새 부지불식간에 에고가 줄어들게 됩니다. '나 따위는 아무래도 좋다.' 이것은 아무리 생각해도 좀처럼 실행으로 옮길 수 없습니다. 그 이유는 심층에 잠재하는 집요한 이기심이 허락하지 않기 때문입니다.

하지만 무리를 해서라도 좋으니, '나 따위는 아무래도 좋다.'고 계속 말해 봅시다. 그 말이, 그 생각이 서서히 심층에 훈습되어, 자신의 심층에 잠재하는 보편적인 의지가 깨어나게 됩니다. 그리고 그것이, 좋아 "도대체 뭔지를 알아보자." "괴로워하는 사람들을 위해 살아 보자."고 목소리가 되어 외칩니다. 지혜를 구하고 싶다, 자비를 주고 싶다는 마음이 강해집니다. 그 마음을 가짐으로써 그동안의 이차원적인 윤회의 삶이 삼차원적인 나선의 삶으로 비약하기 시작합니다.

보편적인 의지에 기초한 큰 목적을 가진 삶은 역경에 처

· 도표 35 ·

생사윤회의 삶

(범부의 삶)

다생(多生)에 걸친 윤회
금생[今生(一期)]의 윤회
하루하루의 윤회

쓸데없는 이야기와 기분 전환으로 밤을 지새우는 매일,
목적 없이 인생을 보내는 범부의 삶

**나선적인 삶
(보살의 삶)**

상구보리·하화중생의 2대
서원을 가지고 살아가는 보
살의 삶의 방식. 생사즉열반
(生死卽涅槃)의 삶의 방식.

| 보편적 목적 |

자(自)   타(他)
고(苦)   락(樂)
생사   열반

| 보편적 의지 |

이차원의 윤회적 삶의 방식
을 나선 운동으로 끌어올
리는 힘

해서도 기죽지 않고 고난에 도전하며, 순탄한 환경에 처해서도 방만하지 않고, 즐거움에 집착하지 않습니다. 그러한 삶이 가능하게 됩니다. 또한, 그러한 나선 운동의 삶은 삼차원의 공간을 자유롭게 돌아다닐 수 있기 때문에 여러 가지 경험을 할 수 있게 됩니다. 그리고 많은 사람들과 만나게 됩니다. 그 만남에 의해서 나선의 직경은 점점 커지게 됩니다.

이렇게 나선적인 삶을 살아가는 사람, 그는 상구보리·하화중생이라는 두 가지 큰 서원을 가지고 사는 보살입니다.

인생의 3대 목적

– '십우도'에서 배우다

보편적 의지에 기반을 두고 큰 목적을 가진 삶을 살자고 제안했습니다. 그러면 그런 목적은 어떤 것일까요.

우선 등산을 예로 들어 생각해 봅시다. 산을 오를 때에는 정상을 목표로, 게다가 길을 잃지 않고 가야 합니다. 만약 옆길로 들어가서 헤매다간 목숨을 잃을 수도 있습니다. 이처럼 인생을 걸어가는 데 있어서 정상으로 비유될 수 있는 커다란 목적을 가질 필요가 있습니다. 궁극적인 목적을 가지지 않고 어떤 수단이 목적이라는 생각에 빠지게 되면 헤매는 인생이 전개됩니다. 왜냐하면, 그 목적이라고 생각하는 곳에 도착하면, 그것이 도중의 수단에 불과했음을 알아차리고, 또 무엇을 목표로 걸어야 할지 고민하게 되기 때문입니다

그러면 인생의 목적은 무엇입니까? 이에 대해, "인간 각각은 다르기 때문에 그러그러한 인간이 품고 있는 인생의 목적도 서로 다르다."라고 말하는 사람이 있습니다. 물론 그것은 그렇다고 칩시다. 그러나 그 목적이 앞에서 말한 바처럼 때때로 도중의 수단에 불과한 것이 있습니다.

저는 호모사피엔스인 인간은 공통의 목적을 가지고 있다(조금 강하게 말하면, 가져야만 한다)고 확신합니다.

그러면 그 목적은 무엇일까요? 그것은 다음의 세 가지라고 생각합니다.

① 나는 무엇인가를 추구한다[自己究明].
② 삶과 죽음을 해결한다[生死解決].
③ 다른 사람을 구제한다[他者救濟].

저는 이 세 가지 목적을 저 유명한 '십우도'라는 선불교

입문 텍스트에서 배웠습니다.

'십우도'는 선(禪)을 수행함에 따라 높아지는 마음의 경지[心境]를 소와 목동을 등장시켜 10단계로, 이야기의 방식으로, 또 상징적으로 묘사하고 있습니다. 그것을 간단히 설명하겠습니다.

어느 날, 목동이 외양간에 가 보니 소 한 마리가 도망을 가 버렸다. 그것을 알아차린 목동은 그 소를 찾아 나선다[심우(尋牛)]. 그리고 며칠 동안 소를 탐색한 끝에, 소의 발자국을 발견한다[견적(見跡)]. 거기서 기뻐 신바람이 나서 소 발자국을 쫓아가 소를 발견한다[견우(見牛)]. 더 가까이서 가져온 그물로 소를 잡는다[득우(得牛)]. 그리고 사나운 소를 점점 온순하게 길들이며[목우(牧牛)], 길들여진 소를 올라타고 집으로 돌아온다[기우귀가(騎牛歸家)]. 집에 돌아와, 소를 외양간에 들여보내고서 안심하고 혼자 조용히 잠을 잔다[망우존인(忘牛存人)]. 그리고 다음에 묘사되고 있는 것이 자주 묵화의 소재가 되는 '공일원상(空一圓相)'이라는 둥근 원입니다[인우구망(人牛俱忘)]. 이것은, 자신과 존재 전체의 있는 그대로의 모습인 '공(空)', 그것을 깨달은 사람의 심경을 상징한 것입니다. 이처럼 철저히 대오한 사람은 이미 에고를 없애고, 완전히 자연처럼 살 수 있으며[반본환원(返本

還源)], 시달리는 사람들에게 진정한 의미에서 구원의 손을 내밀 수 있게 될 것입니다[입전수수(入鄽垂手)].

이상이 '십우도'의 대략적인 설명입니다. 하지만, 이 그림은 단지 선종의 입문도에 그치지 않습니다. 인생의 여러 문제와 그 해결 방법을 보여 주는 훌륭한 그림입니다. 저는 이 그림에서 앞에 서술했던 인생의 3대 목적을 배웠습니다. 그것을 그림에 입각해서 설명하면 다음과 같습니다.

우선, 도망간 소는 '진정한 자기'입니다. 진정한 자기를 잃었다고 알아차린 목동은 그 소를 찾아, 즉 '진정한 자신이란 무엇인가?'를 추구하기 시작합니다. '자기구명(自己究明)'이 제1목적입니다. 그리고 목동은 소를, 즉 '진정한 자기'를 발견하고 획득해서 그것을 의지하면서 살아갑니다. 이후 목동은 마음의 경지가 높아져서 제7도인 '망우존심'에 이릅니다. 이 그림은 목동이 한가롭게 잠을 자고 있는 모습을 보여 줍니다. 목동은 "당신은 말기 암입니다."라는 말을 들어도 "아아, 그래."라며 귀담아 듣지 않고 또 잠에 빠집니다. 즉 그는 이제 거의 다 살았으며, 특히 죽음이라는 문제를 해결했습니다. 즉 '생사 해결'을 한 사람입니다. 그러나 그에게는 아직 자아에 대한 집착, 찌꺼기가 남아 있습니다. 그것을 극심한 수행에 의해 끝까지 닦아 내서 '도대체 무엇

인생의 3대 목적

자기구명·생사해결·타자구제

십우도

오르는 길은 다르지만,
같은 정상을 바라보고 계속 걸어갑시다!

십우관상도   창안 : 요코야마 코이츠(橫山紘一)
                  제작 : 마스노 쥬우요우(增野充洋)

인가'를 궁극적으로 깨닫게 될 때, 수행이 완성됩니다. 그것은 아무것도 없는 흰 원으로 묘사되고 있습니다. 그 내용을 부각시켜 분명히 하면 제9도와 제10도가 됩니다.

제10도에는 큰 포대를 매고 있는 뚱뚱한 사람, 즉 대오(大悟)를 한 목동이 마을로 들어가, 아이들을 돕고 있습니다. 이 그림을 통해 목동의 최종 목적은 '타자를 구제하는 것'임을 알게 됩니다.

이처럼 '십우도'에는 '자기구명', '생사해결', '타자구제'라는 세 가지 목적이 멋지게 상징적으로 묘사되고 있습니다. 민족, 종교, 관습은 달라도, 또한 그 표현에는 차이가 있어도 이 세 가지는 이미 서술한 바와 같이 인류 공통의 목적이라고 저는 굳게 믿고 있습니다.

보살로 살다

자원봉사자라는 말이 세간에 정착되고, 구체적으로 그 활동을 하는 사람이 해마다 증가하고 있습니다. 이것은 반가운 일입니다. 그러나 또한 동시에 몇 가지 문제가 생겨나고 있습니다. 예컨대, 죽음을 맞고 있는 사람을 단순히 신체적으로 도와주고, 그들의 육체적인 고통을 덜어 주는 간

호만으로 괜찮은 것일까요? 확실히 그것은 그것 나름대로 도움을 주는 일이며, 해야만 할 일입니다. 그러나 불교적 관점에서 볼 때, 그것이 충분한 도움이 된다고 말하면 거기에 커다란 의문이 생겨납니다.

왜냐하면 불교는 최종적으로 '생사의 해결'을, 즉 죽음에 대한 공포와 고통으로부터 해탈하는 것을 목적으로 삼고 있기 때문입니다. 이 관점에서 보면 단순히 신체적인 도움만으로는 소기의 목적을 달성할 수 없게 됩니다. 그러면 불교에서 죽음을 해결하는 가르침은 무엇인가요?

저는 이 큰 문제를 위해 무엇보다 '보살'이라는 개념을 고려할 필요가 있다고 생각합니다. 최근 저는 보살의 삶의 방식이야말로 우리에게 살아 갈 용기와 에너지를 주며, 죽음에 대한 공포를 제거해 주는 묘약이라고 확신하게 되었습니다.

보살이란 확실히 불교 용어입니다. 그러나 저는 이 말이, 때와 장소에 상관없이 호모사피엔스인 모든 인간에게 통하는 삶의 방식을 포함하고 있다고 생각합니다. 왜냐하면 보살은 '상구보리·하화중생'이라는 두 가지 큰 서원을 세우고 사는 사람이기 때문입니다. 저는 인간의 보편적인 두 가지 큰 질문에 대해, 전자가 도대체 '무엇인가'를, 후자가 '어떻게' 살까를 보편적으로 답해 준다고 생각합니다.

도대체 무엇인가? 우리는 어른이 되면서 이 질문을 잊어버립니다. 분별하는 것에 너무 익숙해서, 모든 사물에 대해 알고 있다는 기분이 들기 때문입니다. 그러나 우리는 본질적인 것, 근원적인 것에 관해서 아무것도 모릅니다. 나는 어디에서 와서 어디로 가는 것일까? 또는 있는 것은 현재뿐이라면, 지금 한 순간의 자신 이외에는 존재하지 않는다. 그러면, 이 한 순간밖에 존재하지 않는 자신을 파악하는 것이 가능할까? 비록 얻었다고 할지라도 손가락은 다른 것을 가리킬 수 있지만 손가락 자신을 가리키는 것은 불가능한 것처럼, 또한 식칼은 다른 것을 자를 수는 있지만 식칼 자신을 자를 수 없는 것처럼, 우리는 자신을 잡고 있는 '나'를 결코 잡을 수 없습니다. 이처럼 우리는 '나'에 대해 아무것도 모른다고 인정할 수밖에 없습니다.

자신에 대해서 뿐만이 아닙니다. 타인을 정말로 알고 있나요? 보통 타인은 나의 외부에 있는 사람이라고 생각합니다. 그러나 에고가 있는 한, 자아의식이 있는 한, 나는 결코 나의 밖으로 나갈 수 없습니다. 나는 나의 밖으로 빠져 나가서 타인을 직접 알 수 없습니다. 따라서 나에게 타인은 나의 마음속에 비친 영상일 뿐입니다. 요약하면, 나는 타인 그 자체에 대해서 어떤 것도 알 수 없습니다.

단숨에 아는 대상을 우주까지 확대해 보십시오. 일반적으로 우리는 광대한 공간 속에 자신이 있다고 소박하게 생각하고 있습니다. 그러나 잘 생각해 보면, 우리 한 사람 한 사람은 자신이 만들어 낸 세계라는 감옥에 갇힌 죄수 같은 존재입니다.

예컨대 나는 별이 총총한 하늘을 봅니다. 그때 보이는 하늘은 나의 마음속에 있는 영상이지 결코 하늘 그것은 아닙니다. 우리에게는 공통의 우주가 있다고 말합니다. 그러나 그것은 모두 언어로 이야기하고 만든 공동의 생산물에 지나지 않습니다. 그러면 우주란 무엇입니까? 우주의 끝은 어떻게 되고 있나요? 이 질문에 대해서도 우리는 전혀 그 어떤 것도 모른다고 고백하지 않을 수 없습니다.

결국 우리는 알고 있는 것이 전혀 없습니다. 그것을 알아차리고, '좋아, 알아보자!'라고 결심하고 노력 정진하기 시작했던 사람이 보살이며, 그 결심이 '상구보리'라는 서원입니다.

상구보리, 그것이 보살의, 소위 종이 겉쪽의 서원이라면, 종이 안쪽의 서원은 '하화중생'입니다. 삶을 살아가는 중생을 고통에서 즐거움으로, 미혹에서 깨달음으로 건너게 하는 서원입니다. '자신은 아직 건너가지 않고 타인을 먼저 건너가게 한다[自未得度, 先度他]'는 말이 있습니다. 이것이야 말로 보살의 서원을 극단적으로 표현한 것입니다. '나는 어 떠하든 좋다.' 무엇보다도 고통스러워하는 사람들을 구제 하는 것을 우선으로 하는 삶의 방식입니다. 이것도 또한 쉬 운 것은 아닙니다. 보살은 이러한 훌륭한 서원을 강력하게 일으킨 사람입니다.

이 서원은 다음과 같습니다.

"좋아, 나는 생사윤회의 세계 속에서, 살아 있는 모든 것 을 구제한다."

라고 바꿔 말할 수 있을 테지요. 보살은 전문용어로 말하 면 무주처열반(無住處涅槃)에 사는 사람입니다. 이 열반은 '생사에도 열반(A)에도 머물지 않는 열반(B)'을 의미합니다. 결국 A의 열반은 생사에 대립하는 상대적인 열반이며, 생 사를 해탈하여 도달하는 소승적 열반입니다. 반면 B의 열 반은 '생사와 열반을 지양한 새로운 열반'입니다. 대승보살 의 이상은 이러한 열반에 머무는 것입니다.

고통의 세계인 생사, 즐거움의 세계인 열반, 이 두 세계에 구애되지 않고, 두 세계 속에서, '좋아, 생사윤회를 하면서 다른 사람을 구제하는 것을 목표로 하자!'고 결의하고, 자유롭고 힘차게 살아가는 사람, 그 사람이 바로 보살입니다.

보살은 원래 깨닫기 이전의 석존을 뜻하는 말이었습니다. 『본생담』에 나오는 보살로서의 석존이 바로 무주처열반을 살았던 사람의 본보기입니다. 바로 여기에 자기중심적으로 사는 현대인이 망각하고 있는 멋진 인간의 삶의 방식이 있습니다. 경전에 "생사윤회하면서, 고통스러워하는 중생에게 준 뼈의 양은 수미산보다 높고, 피는 사해에 있는 물의 양보다 많다."는 글이 있습니다. 저는 이 문장을 읽으면서, 인간의 삶의 근본이 여기에 있다며 감동하지 않을 수 없었습니다.

'대비천제보살(大悲闡提菩薩)'이라는 생각도, 저에게 살아가는 용기를 줍니다. 천제는 일천제(一闡提)라고 불립니다. 저는 결코 열반에 이를 수 없는 사람입니다만, 대비천제는 중생을 제도하기 위해 열반에 드는 것을 거부하고, 생사윤회를 계속하는 보살입니다. 얼마나 웅대한 서원을 가지고 정진하는 사람인가요?

"나 같은 것은 아무래도 좋다. 좋아, 세세생생에 걸쳐서, 삶을 살아가는 사람들이 행복해지도록 노력 정진하자!"라는 서원을 가진 보살의 삶의 방식, 이것이야말로 호모사피엔스인 이상, 때와 장소를 불문하고 모든 인간이 진정으로 행복하게 사는 방식이라고 저는 강하게 확신합니다.

그렇지만, 이전(以前)에 저는 생사윤회를 좀처럼 수용할 수 없었습니다. 손에서 떠난 돌은 반드시 낙하하는 것처럼, 죽으면 반드시 다시 태어난다는 인과를 믿을 수 없었습니다. 그래도 최근, 해를 거듭할수록 남아 있는 인생의 시간에 한계가 있다는 것이 무겁게 느껴집니다. 그리고 조만간 맞이하게 될 죽음이 점점 다가옴에 따라, 생사윤회설을 '방편'으로 수용하는 것이 가능하게 되었습니다. 방편은 '거짓말도 방편'인 것처럼 가볍게 사용되지만, 여기서의 방편은 그런 것이 아닙니다.

인간의 두 가지 큰 존엄성은 지혜와 자비임을 반복해서 말했습니다. 이 중 자비는 방편이라 하며, 이 방편이야말로 자비를 구체적으로 전개하기 위한 중요한 개념입니다. 지혜는 언어로 표현할 수 없는 세계[승의제(勝義諦)의 세계]를 비추는 빛입니다. 이에 비해 자비는 사람들이 왕래하고, 말을 주고받으며 소통하는 세계[세속제(世俗諦)의 세계] 속에서 생생하게 약동하는 따뜻함입니다. 언어가 통용되는 세계이므로 언어가 힘을 발휘합니다.

따라서 "나 따위는 아무래도 좋다. 나는 보살로서 삼아승지겁(三阿僧紙劫)에 걸쳐서 생사윤회하면서 사람들을 계

생사에도 열반에도 얽매이지 않고 살다

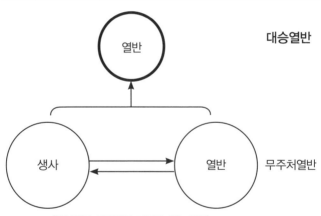

소승열반

생사 → 열반   무여의열반

(생사를 벗어나 열반에 든다)

대승열반

열반

생사 ⇄ 열반   무주처열반

(생사에도 열반에도 머물지 않는 열반)

소승의 무여의열반(無餘依涅槃)은 몸도 마음도 소멸해 버리는 열반. 회신멸지(灰身滅智)라고도 한다. 대승의 무주처열반(無住處涅槃)은 생사에도 열반에도 머물지 않고 그 둘 사이를 오가며, 사람들을 구제하기 위해 계속 살아가는 삶의 방식을 말한다.

속 구제하겠다!"라고 생각하고, 큰 소리로 말하며, 자신을 타이릅니다. 이것을 방편으로 나의 심층에 잠자는 자비의 씨앗에 영양분이 주어지고, 그것은 싹이 트는 상태로 자라게 됩니다.

서원으로부터 생겨나는 언어의 힘을 저는 믿고 싶습니다. 적어도 지금의 저는 "나 자신은 죽는 것이 아니다. 죽지 않는 것이다. 다시 태어나서 보살로 계속 살자!"고 계속 서원하고 있습니다.

보살—저에게 남아 있는 인생의 유일한 그래서 궁극적인 삶의 지침입니다.

2

현대의 여러 문제에 대처하다

공성(共性)을 펼치는 교육을

개성(個性)을 키우는 교육이 강조되고 있습니다. 확실히 그것도 필요합니다. 획일적이고 이래야 한다, 이런 인간이 되어야 한다며 밖에서 강요하는 교육은 정말 잘못된 것입니다.

그러나 개성을 키우기 전에, 또는 동시에, 개성이 성장할 소지를 배양하는 것이 필요하다고 제안하고자 합니다. 〈도

표 38〉를 보아 주세요. A에서 C까지가 개성입니다. 이 개성은 말하자면 인간 모두에게 있는 공통성, 즉 공성이 있어서 비로소 존재할 수 있는 것입니다. 또한 공성을 양성함으로써 비로소 개성이 올바르고 훌륭하게 성장할 수 있습니다. 쌀, 콩, 토마토 등과 같은 식물이 잘 자라려면, 그것이 자라는 토양이 비옥해야 합니다. 토지가 좋지 않으면 훌륭한 씨앗이 있어도 그것은 훌륭하게 자랄 수 없습니다.

인간도 마찬가지입니다. 어떤 인간이 개성을 발휘할 힘을 가지고 있다 하더라도 그 개성이 올바르고 훌륭하게 꽃을 피우기 위해서는 그것이 자랄 수 있는 소위 토양으로서의 공성을 배양해야 합니다. 만약 그것을 하지 않고 '개성이다, 개성이다'라고 하며 개성만 키우는 것에서 끝낸다면, 여윈 식물처럼 나약한 사람들에게 때로는 해를 끼치는 인간이 될 수 있습니다.

예를 들자면, 수학과 물리에 우세한 재능을 가진 어린이가 있습니다. 그리고 그의 능력이 교육에 의해 길러져서, 과학기술의 영역에서 재능을 크게 발휘할 수 있는 사람이 되었습니다. 그러나 그의 '마음'이라는 토양에 비료가 주어지지 않아 메말라 있었기 때문에, 즉 공성이 배양되지 않았기 때문에, 그가 익힌 과학 지식이 에고를 위해, 수상한 목적을 위해 잘못된 기술에 악용될 수 있을지도 모릅니다.

이것은 실제로 일어난, 또 일어날 수 있는 이야기입니다. 살인도 저지른 신흥종교(과학 기술 면에서)의 우수한 젊은이들, 또는 핵분열의 지식에 기초하여 원폭이라는 대량살인 병기를 만든 과학자들, 게다가 복제 기술을 돈벌이 또는 정치에 이용하고자 일을 꾸미는 사업가와 정치가들이 있었으며, 또 있으며, 있을 것이라는 점이 큰 문제입니다.

드디어 과학 기술이 최고에 도달하게 될 21세기를 맞이하게 되었습니다. DNA 해독에 의한 유전자 조작 기술은 점점 발달할 것입니다. 실제로 복제인간을 만들 수 있게 되었습니다. 언젠가 인간은 생명 그 자체도 만들 수 있는 기술을 획득할 것입니다. 이러한 시대이기 때문에, 과학 기술을 발달시키는 사람들과 그 은혜를 받는 일반 사람들은 각자 자신 속에 있는 공성에 눈을 뜨고 그것을 양성하여, 사는 목적은 도대체 무엇인지를 자각할 필요성이 과거보다 한층 더 요구되는 것은 아닐까요.

현대는 세계적으로는 지구 환경 문제, 민족 분쟁, 종교 대립에서 시작해서, 유전자 조작, 복제인간과 같은 문제가 발생하고 있습니다. 그리고 개인적·사회적으로는 스트레스·무기력·사는 보람의 상실에서 시작해서, 교육의 파탄, 젊

공성이 있는 개성

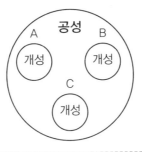

공성의 토양에서 싹을 틔우는 개성

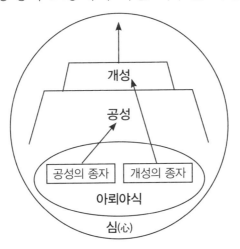

아뢰야식에 잠재하는 '공성의 종자'에서 공성(지혜와 자비, 상구보리·하화중생의 서원)을 싹트게 하면서 개성을 키우는 것이 중요하다. 공성이 뒷받침된 개성은 보편적인 목적을 향해서 작용한다.

은이들의 안이한 살상, 정치·경제·관직에 걸친 부정과 같은 문제가 산적해 있습니다. 이것은 모두 인간 각자의 마음 속에 있는 공성을 양성하는 교육이 이루어지지 않았기 때문이라고 해도 과언이 아닙니다. 개성도 좋지만 그전에,

"공성에 대해 눈을 뜨고 공성을 기르는 교육을!"

이라고 호소하고 싶습니다.

지혜와 자비의 함양을

그렇다면, 인간의 보편적인 공성은 어떤 것일까요. 그것은,

① 사실을 사실로 아는 지(知)
② 사람들을 사랑하는 애(愛)

라고 말할 수 있을 것입니다. 불교 용어로 말하면 전자가 '지혜', 후자가 '자비'입니다. 저는 인간의 위대함과 존엄성은 지혜와 자비 이 두 가지 이외에는 없다고 생각합니다. 이 입장에서, 교육의 안목은 인간의 이 두 존엄성을 양성하는 것이라고 저는 강력하게 호소하고 싶습니다.

지금 공성이라는 말로 호소해 왔지만, 이러한 공성을 길

렸던 사람을 인격이라는 말을 사용한다면, '보편적 인격'을 길렀던 사람이라고 바꿔 말할 수 있을 것입니다. 그렇다면, '보편적 인격'은 어떤 것이라고 할 수 있을까요? 이에 대해, 석존의 최후의 가르침인 '자등명·법등명(自燈明·法燈明)'을 우선 소개합니다.

석존께서 바야흐로 입멸에 들게 되었을 때, 곁에서 시중들고 있었던 아난다가 슬퍼하며, 석존이 돌아가신 후 우리는 무엇을 의지해서 살면 좋을지에 대해 질문했습니다. 이에 대해 석존은

"자신을 등불로 삼고, 법을 등불로 삼아서 살아라."

라는 가르침을 남겼습니다. 이것이 유명한 '자등명·법등명'의 가르침입니다. 이 가운데 '자신을 등불로 삼아라.'에서 '자신'이, 곧 제가 지금 말하고자 하는 보편적 인격에 해당된다고 생각합니다. 무아라고 계속해서 가르쳤던 석존은 최후의 최후에 의존해야만 하는 것으로 '자신'을 제시했습니다. 확실히 석존은 뛰어난 교육자였다고 생각합니다. 그의지해야만 하는 자신은 '사실을 사실로 알려고 하는' 자신, 그리고 '사람들을 자비롭게 사랑하려는' 자신, 곧 지혜와 자비를 기르려는 자신이라고 말할 수 있겠지요. 그러한 인간의 두 존엄성인 지혜와 자비를 성취한 사람, 그가 붓다

[覺者]입니다.

　석가 3존상에는 정중앙에 석가상, 그 양쪽에 세지보살 (勢至菩薩)과 보현보살(普賢菩薩)이 배치되어 있습니다. 두 협존(脇尊)은 각자(覺者)인 붓다가 갖추고 있는 지혜와 자비 두 가지를 상징합니다. 정말로 인간은 마음속에 두 가지 커다란 존엄성을 가지고 있으며, 노력하면 그것을 배양하고 성취할 수 있다는 점에서 훌륭하다고 저는 확신합니다.

　거울은 닦으면 닦을수록 빛나며 일체의 사물을 있는 그대로 비춥니다. 인간의 마음도 마찬가지로 닦으면 닦을수록 청정하게 되며, 지혜의 빛을 발산합니다. 그리고 지혜가 증가하면 할수록 온화한 자비의 마음이 생겨납니다. 이상하게도 지혜와 자비는 표리일체이며 한쪽이 증가하면 다른 쪽도 증가하는 관계로 있습니다. 물이 그 맑음과 넓음·깊이가 증가하면 할수록, 여러 잡다한 것을 점점 많이 받아들일 수 있는 것과 같습니다.

　또한 저는, 지혜와 자비를 촛불로 비유해서 생각합니다. 심지가 굵은 큰 초에 불을 붙이면, 초는 주위를 밝고 따뜻하게 비추면서 동시에 자신은 점점 녹습니다. 이 중 밝음은 지혜, 따뜻함은 자비를 비유합니다. 그리고 큰 심지와 그것을 에워싼 양초 자체는 이기심과 아집으로 가득 찬 소위

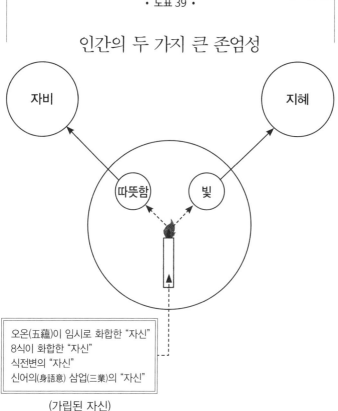

인간의 두 가지 큰 존엄성

자비

지혜

따뜻함

빛

오온(五蘊)이 임시로 화합한 "자신"
8식이 화합한 "자신"
식전변의 "자신"
신어의(身語意) 삼업(三業)의 "자신"

(가립된 자신)

지혜와 자비를 발휘하면서 살아가는 사람을 보살이라고 한다. 그 보살은 상구보리(上求菩提)·하화중생(下化衆生), 즉 보리를 구하고 사람들을 구제하고자 하는 2가지 큰 서원을 가지고 살아가는 사람이다. 지혜와 자비의 관계는 다음과 같다.

　상구보리 ―― 지혜의 서원 ―― 자리행
　하화중생 ―― 자비의 서원 ―― 이타행

삶에 대한 에너지 자체를 비유합니다. 이 욕망에 가득 찬 에너지로서의 '나'에게 불을 붙여 봅시다. 그러면 그것은 계속해서 활활 불타서, 타인에게 지혜와 자비를 펼치고, 자신의 아집은 불타 없어지게 되어 몸이 점점 가벼워집니다.

사는 것은 무엇인가? 어떻게 살아야 하는가? 저는 항상 불타는 양초처럼 살고 싶다고 생각합니다. '나'를 계속해서 불태우고, 다 타 버렸을 때 '그럼, 안녕.'이라며 죽어 갈 수 있다면 얼마나 멋진 일생이겠습니까?

문제는 '사람들, 특히 젊은이라는 양초에 어떻게 불을 붙이는가?' '교육 현장에서 어떤 구체적인 방법이 가능할까?'입니다.

사실을 생활 속에서 체득하게 하다

지금까지 저는 인간은 보편적인 공성을 배양하지 않으면 안 되며, 그 공성은, 하나는, '사실을 사실로 아는 지(知)'이며 또 하나는, '사람들을 아끼는 사랑'이라고 말했습니다. 불교 용어로 전자는 '지혜'이며, 후자는 '자비'입니다.

그렇다면, 사실을 사실로 안다고 할 때의 '사실'은 무엇일까요? 그것은 '나도 다른 사람도 실체로 있는 것이 아니며, 관계적으로 있다.'는 사실입니다. 또한, '나는 살려지고 있다.'는 사실입니다. 게다가 '나는 임시로 존재하는 것이다.'라는 사실입니다. 이에 대해서는 이미 반복해서 말했으며, 그것을 증명해 왔습니다. 그래서 우선, 교육의 현장에서 이러한 사실을 가르치는 것이 중요하다고 생각합니다.

불교에 정문훈습이라는 중요한 가르침이 있습니다(제2장 〈자기변혁을 가져오는 두 가지 힘〉 참조). 그것은, 바른 가르침을 반복하고 반복해서 듣는 것에 의해 심층에 잠재하는 훌륭한 힘에 영양과 비료를 주고 그것을 키워서, 언젠가 그 싹을 틔우게 하는 가르침입니다. 확실히 언어에 의한 인격 형성은 좋은지 나쁜지는 차치하고, 현실적인 힘을 가지고 있습니다.

왜 현대 젊은이에게 여러 가지 문제가 생겨나고 있는 것일까요. 가정 폭력, 학교 수업의 붕괴, 안이하며 무차별적인 살상 사건 등 일일이 셀 수 없을 정도입니다. 그것은 모두 어릴 때부터, 밖에서 주어진 언어와 정보에 의해 젊은이들의 마음이 심층에서 그러한 행동을 일으키는 인격으로 변화되어 버렸기 때문입니다.

'나는 무엇인가?' 어릴 때부터 이 질문을 하도록 가르치는 것이 교육의 출발입니다. 그리고 '관계적으로 있다.', '살려지고 있다.'라는 사실에 대해 눈을 뜨도록, 우선은 언어로 말하고, 그리고 그 사실을 구체적인 생활 속에서 납득·체득하는 교육내용을 전개해야 합니다. 그것은 가정에서 시작하는 것이 중요합니다.

그러면 관계적으로 있다, 살려지고 있다는 것을 어떻게 가르치면 좋을까요? 그것은 우선,

(1) 가르치는 사람(부모, 교사 등) 자신이 '나는 무엇인가?'라고 계속 질문하면서 살아가는 것이 중요합니다. 어린이는 부모를 보고 성장합니다. 많은 학생과 만났던 저의 경험상, 어떤 학생의 성격이 왜 그런가 하고 생각해 볼 때, 가끔 그의 부모와 전화로 이야기할 기회가 있으면, '아아, 그렇구나!'라고 이해하는 경우가 있습니다. 예의가 바른 아이의 부모는 전화 응대도 예의가 바르며, 그 반대는 또 반대입니다. 부모와 교사는 어린이를 교육하기 전에 자기 자신을 교육해야만 합니다.

(2) 부모가 진지한 마음으로 추구해서 '인간끼리는 관계적으로 있다, 자신은 임시적 존재로 살려지고 있는 생명이다.'라는 사실을 아는 것에 의해서, 아이의 태도가 바뀌겠지요. '내 자식은 내 자식이면서 내 자식이 아니다, 나는 자식에 의해서 부모이며, 자식에 의해서 살려지고 있다.'라는

사실을 점점 강하게 자각하게 되면, 그것이 언어나 행동으로 나타납니다. 그래서 어린아이가 '인간끼리는 관계적으로 존재한다, 자신은 임시적 존재로 살려지고 있는 생명이다.'라는 사실에 대해 눈을 뜨도록 할 수 있겠지요. 정말로 자신은 상대 속의 자신이며 상대는 나 자신 속의 상대입니다. 이 사실을 알아차릴 때, 지금까지 나, 너라고 대립해 있던 상태가 얼마나 어리석었는지를 알게 됩니다.

(3) 그렇다면 살려지고 있다는 것을 아이가 알 수 있게 하는 구체적인 방법에는 어떤 것이 있을까요. 하나의 예를 제시하겠습니다.

앞에서도 말했습니다만, 학생들과 함께 어느 절에서 묵고, 다음 날 스님들과 아침식사를 함께 한 적이 있습니다. 그것은 거의 말을 하지 않고, 바르게 앉아서 최대한 젓가락질 소리를 내지 않도록 주의하면서 하는 엄격한 식사였습니다. 겨우 30분 정도였지만 후에 학생들에게 소감을 묻자, 대부분의 학생들이 발이 저리고 아팠으며, 힘들었다, 또 침묵하면서 먹는 것이 괴로웠다고 대답했습니다.

그들은 이때 처음으로 '나의 발이 내 발이 아니다.'라는 것을 알아차린 것입니다. 발을 내 것, 내 소유물로 자유롭게 다룰 수 없었던 것입니다. 아프지 않게 걸을 수 있다, 그야말로 발에 의해서 살아가고 있다는 사실을 알아차리고, 발에 대해 감사하는 마음을 가지게 된 것입니다.

또한, 침묵하기 위해서는 자제가 필요합니다. 우리는 항상 자유로이 이야기합니다. 그러나 그런 상태에서는 알 수 없는 것을 침묵하며 식사하는 것에 의해 알아차리게 됩니다. 자유란, 자율이라고 자각하게 됩니다.

뭔가 사실을 자각하기 위해서는 이처럼 자제하는 상태에 몸담을 필요가 있습니다. 자유를 잘못 알고 있던 풍조라든지, 교육에도 현대의 여러 문제를 일으킨 커다란 원인이 있습니다.

(4) 특히 식사할 때야말로 '도대체 무엇인가?'를 추구하고, 자신이 살려지고 있다는 사실에 대해 알아차릴 수 있는 귀중한 시간입니다. 감미로운 맛을 혀로 음미합니다. 그리고 그 맛에 완전히 몰입해 보면, 그것이 내 속에서 점점 강하게 느껴집니다. 거기에 '맛있다!'라는 말을 해 봅시다. 그 기분과 언어가 즉석에서 마음 깊은 곳에 스며들어 풍요로워집니다.

그러면, 자, 이 맛이 나에게 생겨난 원인이 무엇이냐고 추구해 보십시오. 그러면 안에는 혀, 신경, 뇌 그리고 몸 전체가 있기 때문이고, 밖에는 물고기, 그것을 잡은 사람, 요리를 한 사람, 그것을 기른 바다, 태양……. 인과의 사슬은 무한히 거슬러 올라갑니다.

예를 들면, 참치의 가장 좋은 맛, 그것은 셀 수 없이 많은 인연에 의해 내 마음속에 생겨난다는 사실에 대해 알아차립니다. 이 사실을 식사하면서 아이들에게 가르치는 것이 교육의 한 방법입니다.

그리고 부모와 자식, 교사와 아이들이 함께 지금·여기에, 이렇게 인간으로 사는 것이 불가사의하며 감사한 것임을 확인하는 것이 중요합니다.

(5) 뭔가 하나에 집중해서, 몰입하는 시간을 가지는 것도 교육에서 중요합니다. 그것은 어릴 때 자연 속에서 행해지는 놀이에서도 가능합니다.

제가 어렸을 때는 전쟁이 끝난 직후라서 놀이라곤 단지 집 근처 숲속에서 뛰어다니는 것이 전부였습니다. 때로는 높은 곳에서 뛰어내리는 단순한 놀이도 했습니다. 나이가 많은 아이가 우선 뛰어내리고 계속해서 뛰어내리라고 명령합니다. 처음에는 무섭습니다. 그래도 뒤에는 다른 아이가 기다리고 있습니다. 아이는 '에이, 좋아!'라고 결심하고 뛰어내립니다. 아무 일도 없이 무사하게 착지할 수 있습니다. 이러한 작은 행위 속에서 아이는 여러 가지를 배울 수 있

어린이가 성장하고 발달하는 요인

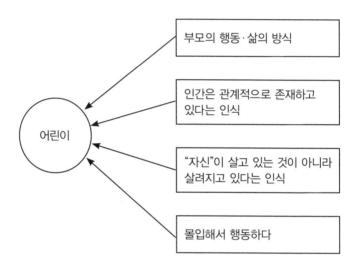

부모의 행동·삶의 방식

인간은 관계적으로 존재하고
있다는 인식

어린이

"자신"이 살고 있는 것이 아니라
살려지고 있다는 인식

몰입해서 행동하다

(현대의 어린이·젊은이들에게 결여된 것)

① 곁에 있을 뿐, 이기심(에고)을 없애도록 도와주는 부모나 교사가 없다.

② 과도한 자유방임주의 교육을 받은 결과, 참고 견디는 상황을 경험하지
않았다.

③ 정보, 그것도 인공적인 정보에 의해 우롱당하며 살 뿐, 자연을 접할 기
회가 적으며, '자연의 이치'를 배운 적이 없다.

④ 스스로 판단하고 결정하는 자기 결정력이 부족하다.

습니다.

요즘 젊은이들에게는 자기 결정력이 없다고 합니다. 그것은 유아기 때부터 눈앞의 상황에 대해 스스로 결정하는 그런 경험이 없기 때문입니다. 아이들끼리 노는 가운데 부모로부터 배우지 않고 스스로 획득하는 결단력, 이것을 생활의 현장 안에서 몸에 익히는 삶의 방식, 배움, 그리고 교육이 지금 요구되고 있다고 할 수 있겠지요.

왜 사람을 죽여서는 안 되는가

"왜 사람을 죽여서는 안 되는가?" 이 질문에 대해 어떻게 답을 해야 할까요? 이것은 지금 큰 사회 문제가 되고 있습니다. 이 질문에 대해 좀처럼 납득이 가는, 설득력이 있는 해답이 없습니다. 왜 그럴까요? 우선 그 주변부터 분석해 봅시다.

원래 'A는 B다.'라는 판단을 하고 그것이 올바른 것임을 상대에게 납득시키기 위해서는 '왜냐하면 ~ 이기 때문에'라고 이유를 말할 필요가 있습니다. 그 이유 가운데 ' ~ 이기 때문에'라는 판단 근거가 무엇이냐, 이것이 문제입니다.

예를 들자면, "사람을 죽여서는 안 된다. 왜냐하면, 사람은 신에 의해 사랑으로 창조되었기 때문이다."라고 할 경우, 이유의 근거는 기독교 신앙에 기초하고 있습니다.

또한, "사람을 죽여서는 안 된다. 왜냐하면 그것은 개인의 살 권리를 빼앗는 것이기 때문이다."라고도 할 수 있습니다. 이때에는 '살 권리'라는 가치관이 이유의 근거가 됩니다.

여기에서 어느 하나의 판단이 정당함을 입증하는 근거나 기준을 분석하고 분류해 보면 다음과 같습니다.

①의 외적 정보는 나의 밖에서 주어진 것으로, 크게 신앙과 철학과 과학으로 나누어 볼 수 있겠지요(이쪽으로 상식, 풍습, 관습 등과 같은 정보도 생각해 볼 수 있습니다). 이 가운데 신앙은 예컨대 기독교의 "신은 유일하고 절대적인 실재이다", 철학에는 데카르트의 "나는 생각한다. 그러므로 존재한다", 과학에는 "우주는 140억 년 전에 빅뱅에 의해 생겨났다" 등과 같은 정보입니다.

이런 정보를 분석하고서 어떤 하나의 판단을 근거 지을 때, 그러한 모든 근거를 따르고 있는지를 확인하고, 그러고 나서 상대에게 자신의 판단을 주장해야 합니다. 그렇게 하면, 비록 상대가 찬성하지는 않아도 납득할 수는 있겠지요.

　②의 내적 체험, 이것은 논하기가 꽤 어렵습니다. "신은 실재한다."라는 기독교 교리를 단순히 듣기만 한 것이 아니라 오랫동안 신앙이나 명상을 통해 신과 상호 간의 관계를 가지고, 신의 존재를 확신했던 사람이 "신은 실재하신다."라고 주장하는 것은 무게를 가지고 있습니다.

　실재에 관한 것뿐만이 아닙니다. '~은 선하다, 악하다.'라는 가치 평가에 대해서도 마찬가지입니다. 그런 판단은 무엇을 근거로 하고 있는지에 대해 마찬가지로 질문돼야 합니다. 특히 선하다, 악하다는 판단의 근거는 진중하게 분석해야만 합니다. 왜냐하면 선악 판단의 대립은 다툼을, 최종적으로는 전쟁까지 일으키기 때문입니다.

　'왜 사람을 죽이지 말아야 하는가?'에 대한 이야기로 돌아갑시다. 이에 대해 잘 알고 있는 사람의 견해가 잡지 등에 실려 있지만, 답의 내용은 각각 다르며, 여러 이유가 제시되고 있습니다. 문제는 어떤 사람이 어떤 이유를 제시할 경우, 자신이 제시한 이유가 앞에 기록한 어떤 범주에 들어

판단의 근거는 무엇인가

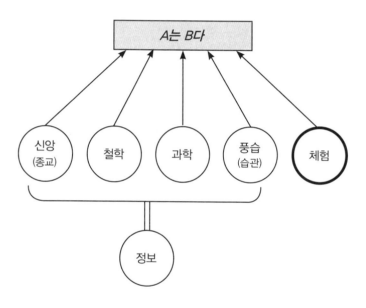

가는지를 명확히 인식할 필요가 있습니다. 그리고 그 이유의 근거가 절대적이지 않다는 것을 자각해야 합니다.

무엇이 좋은가
– 어짊[良]과 아름다움[巧]과 좋음[好]과 착함[善]

'왜 사람을 죽여서는 안 되는가? 즉 나쁜가?'라는 것을 문제로 했습니다만, 이와 관련해서 보다 넓게 '착한, 나쁜'은 무엇을 말하는지를 생각해 봅시다.

수업에서 '~을 하는 것은 좋다.' '~은 좋다.'라는 판단을 생각나는 대로 쓰는 과제를 부여했더니, 많은 판단이 나왔습니다. 그것을 대충 정리하면 다음과 같습니다.

① 남을 돕는 것은 좋다. 남을 위해 봉사하는 것은 좋다.
② 어버이에게 효를 행하는 것은 좋다.
③ 웃는 얼굴로 있는 것은 좋다. 온순한 마음을 가지는 것은 좋다. 관대한 것은 좋다.
④ 마음이 맑은 것은 좋다.
⑤ 운동하는 것은 좋다.
⑥ 아름다운 꽃을 보는 것은 좋다. 하늘을 보는 것은

좋다.

⑦ 성적이 향상되는 것은 좋다.

⑧ 저 사람의 얼굴은 좋다.

⑨ 날씨가 좋다. 자연환경이 좋다.

⑩ 그 방법은 좋다.

우선 ⑦의 '성적이 향상되는 것은 좋다.'에서 '좋다'는 한자로 쓰면 '良い'라는 표현이 될 것입니다. 이것은 성적의 측면에서 자신의 상태가 전과 비교해서 좋아졌을 때의 판단입니다. 그리고 그것으로 인해 무엇이 초래될 것인가 하면, 하나는 자기만족이며, 또 다른 하나는 그 결과로 보다 좋은 학교에 들어갈 가능성이 커진다는 것입니다. 이처럼, 이 '좋다[良い]'는 다분히 자신의 상태에 대해 말한 것입니다. ⑧의 '저 사람의 얼굴은 좋다.'의 '좋다'는 '好い'라는 표현이 제일 적당하겠지요. 따라서 이 경우의 좋다는 다분히 '좋아한다.'는 주관적 판단이 가미된 가치판단입니다. ⑨의 '자연환경이 좋다.'의 '좋다'도 굳이 한자를 대면 '良い'이겠지요. 이것은 인간의 신체, 또는 건강을 위해 좋다는 의미로 판단한 것입니다. ⑤도 확실히 건강을 위해서이며, ⑥도 마음을 포함해서 건강에 좋다는 것이겠지요. 그런데 ⑩의

'그 방법은 좋다.'의 '좋다'는 이것도 굳이 한자를 대면 '巧
い'라 할 수 있겠지요. 그 방법이 유효하다, 솜씨가 좋다, 효
과적이라는 의미입니다.

이상에 대해 왜 좋은가의 이유를 정리하면 다음과 같습
니다.

1. 앞의 자신의 상태가 보다 좋은 상태로 되었기 때문에.
2. 건강을 위해 좋기 때문에.
3. 자신의 기호에 적당하기 때문에.
4. 솜씨가 좋고, 효과적이며, 유효하기 때문에.

이상을 한자로 표현하면 '良', '巧', '好'입니다. 여기까지는
'善'이라는 한자로 표현하지 않았습니다.

그러면 ①, ②, ③을 검토해 봅시다.

'남을 돕는다. 남을 위해 봉사하는 것이 좋다.' 이 판단에
대해 반대하는 사람은 없습니다. 그러면 이것은 왜 좋은 것
일까요? 여러 이유가 제시될 수 있습니다. 예컨대, '그 사람
이 행복해지니까', '그 사람에게 기쁨이 생기니까', '그 사람
의 고통을 없애 주기 때문에', '그 사람이 편해지니까'와 같
은 이유를 제시할 수 있습니다. 기쁨, 행복, 편안함, 고통의

소멸 등 이러한 것은 서로 연관되는 개념입니다. 이러한 타자의 상태를 초래하는 행동, 그것을 '좋다'라고 판단하고, 이 '좋다'라는 것이 '善'이라는 한자로 표현됩니다.

여기에서 처음으로, 타자와 관계하는 행동 가운데 '선'으로 가치판단을 내릴 수 있는 것을 알았습니다. 이것은 ②의 '부모에게 효를 행하는 것은 좋다.'라고 할 때의 '좋다'에도 해당합니다. 왜냐하면, 그렇게 하면 '부모가 기뻐하기 때문에, 즐거워하기 때문에', 타자의 기쁨·행복이 생겨나기 때문입니다.

부모에게 효를 행하는 것에는 또 한 가지 '보은을 하기 때문이다.'라는 이유를 생각할 수 있습니다. 이처럼 이유를 붙이는 내부에는 '보은을 해야 한다. 하지 않을 수 없는 것을 하는 것은 착한 것이다.'라는 판단이 있습니다. 여기서 문제로 삼는 것은 '해야 하는 것을 하는 것은 착하다.'라는 판단은 좋다고 치고, '해야 하는 것을 하는' 사람이 자신의 의지로 행했는가, 그렇지 않으면 밖에서 주어진 윤리 도덕, 소위 강제력으로 행한 것인지가 문제시됩니다. 후자의 경우, 그 행위는 '선'이라고 할 수 없습니다.

왜냐하면, 어떤 목적과 그것을 향한 의지에서 생겨난 행위에 대해서만 선(그리고 악)이라고 판단할 수 있기 때문입니다. 의지 없는 행위는 선도 악도 아닙니다. 이것이 핵심입니다. 따라서 '불교는 좋다, 나쁘다', '기독교는 좋다, 나쁘다' 등과 같은 판단은 성립하지 않습니다. 반면 '저 불교도의, 저 기독교도의 행위는 좋다, 나쁘다.'라는 판단이 성립합니다. 여기에 대해 알아차리면, 자신의 선호·취향에만 기초해서 타인의 종교를 비난하는 것은 옳지 않다는 것을 깨닫게 됩니다.

이상, '좋다'는 개념을 검토했습니다만, 요약하면 다음과 같습니다.

(1) '좋다'라는 말에 대해서, 한자로는 '良', '巧', '好', '善' 4가지가 해당합니다.

(2) 이 안에 '善'이라고 판단할 수 있는 것은 타자와의 관계 속에서 전개하는 행위에만 맞춥니다.

(3) 그러나 그 경우에도, 자신의 의지로 행한 것만을 '선'이라고 판단할 수 있습니다.

이 가운데 특히 (2)가, 즉 그 행위가 자신에게만 되돌아오는 그런 행위는 결코 '선하다'고 말할 수 없다는 점이 중요합니다.

2. 현대의 여러 문제에 대처하다

'나는 선한 일을 하고 있다.'라고 생각하는 행위를 한 번 더 깊이 분석하고, 그것이 정말로 선하다고 말할 수 있을지에 대해 반성해 봅시다.

젊을 때 단련하자

저는 처음에 사이고우 타카모리(西鄕隆盛, 1828~1877)와의 담합에서 에도성을 전쟁 없이 비워 주었던 카츠 카이슈우(勝海舟, 1823~1899)를 오해했습니다. 저는 에도막부(江戶幕府) 말기에 난리를 겪었던 그는 분명 교활한 정치가였을 거라고 생각했습니다. 그러나 그의 회상록인 『영천청화(氷川淸話)』(勝海舟, 勝部眞長編, 角川文庫刊)를 읽고 그에 대한 평가가 크게 바뀌었습니다. 그 속에서 그는,

"(중략) 이렇게 거의 4년간, 성실하게 수행했다. 이 좌선과 검술이 나의 토대가 되어 후일 매우 큰 도움이 되었다. 와해(瓦解)될 무렵, 몇 번이고 죽음의 경지를 출입하고, 드디어 일생을 다하게 된 것은 모두 이 두 가지 덕분이다. 한때, 많은 자객과 여러 가지로 시달렸지만, 항상 잘 다루어 냈다. 이 용기와 담력은 필경 이 두 가지에 의해 길러진 것이다."

라고 서술하고 있습니다. 그는 젊었을 때 좌선과 검술로 마음을 가다듬었다고 합니다. 또,

"무슨 일을 할 때도, 무아(無我)의 경지에 들어가지 않으면 안 돼. 도를 철저하게 깨닫는 끝은 단지 무아 두 글자밖에 없단 말이야. 아무리 선으로 가다듬어도 좀처럼 그렇게 될 수 없어. 여차하면, 대부분이 흐트러지고 말아."

라고 말하면서 무아의 중요성을 강조했습니다.

젊은 시절에 맹렬히 단련하는 것은 정말로 소중하고 훌륭한 일입니다. 그런 의미로, 물질의 풍요로움에 지나치게 함몰되고, 게다가 인생의 목적을 조금도 가지고 있지 않은 현대 젊은이에게 '자신을 단련하자!'라는 의지가 생기지 않는 것은 정말로 불행한 일입니다.

"면학과 인생의 선택은 자발적으로 해야 한다. 강제로 해서는 안 된다." 이것은 확실히 필요한 방침입니다. 그러나 문제는 전후(前後)의 교육이 지나치게 자유방임주의였다는 것입니다.

지금 제가 근무하고 있는 대학에도 전공 일부를 제외하고 대부분 자유 선택과목을 마련하고 있습니다. 따라서 학생은 학점을 따기 쉽거나 강의가 재미있다는 이유만으로 '자유롭게' 선택하고 있습니다. 그러나 거기에는 면학의 일

관성이 결여되어 있습니다. '무엇'을 '무엇 때문에' 공부하는가? 이 중요한 문제를 잊어버리고 진실로 '자유'로이, 즉 '스스로에 의해서' 공부해야 할 과목을 선택할 수 있을까요?

'스스로에 의해서'라고 하는 스스로, 즉 '자신'은 어떤 자신이겠습니까? 그 자신은 인간 본래의 버릇인 '쉽게' 여기고 '멋대로' 하기 쉬운 자신이며, 자신의 욕망을 충족시키려는 자신일지도 모릅니다. 이러한 자신을 근거로 그것에 의해서 공부하고 인생을 자유롭게 선택해 온 젊은이에게, 인생의 갈림길에 섰을 때 또는 인생의 난국을 만났을 때, 스스로 '좋아, 이 길을 가자!'라고 하는 자기 결정력이 있을 리가 없습니다.

카이슈우(海舟)에게는 좌선과 검술도 괴로운 수행이었을 것입니다. 그러나 그에게는 큰 목적이 있었습니다. 그에게는 '사람들을 위해, 세상을 위해 살자!'라는 서원이 있었습니다. 그 의지가 있었기 때문에 그는 젊은 시절의 엄격한 수행을 인내할 수 있었던 것입니다.

젊은 시절의 체험은 그 사람의 인생을 크게 바꿀 수 있습니다. 사사로운 일로 죄송합니다만, 저도 20세 전후 젊은 시절에 자아에 대한 집착으로 괴로워했습니다. 결국 가마쿠라(鎌倉) 원각사(圓覺寺)에서 행하는 좌선에 도움을 청했습니다. 거사림(居士林)이라는, 일반인이 앉아서 수행하는 장소에서 일주일간, 지도 스님으로부터 "무(無)에 철저히 하라!"라는 말을 듣고, 어쨌든 '무, 무'라고 계속해서 외웠습니다. 괴로운 나를 없애고 싶다는 생각이 있었기에 솔직히 무에 투철하게 애쓸 수 있었던 것일까요. 그리고 일주일 후, 돌아오는 요코스카선(橫須賀線) 안에서 그저 앉아 있었을 뿐이었는데, 밖의 주변 풍경이 아름다워 보이고, 기쁜 마음이 자연스럽게 생겼습니다. 그때의 체험이 지금도 선명하게 되살아납니다. 아무튼 살아 있는 것이란 무엇인가라는 것을 배웠습니다. 짧은 기간이었지만, 무에 몰입하고자 했던 행위로도 이만큼 자신을 바꿀 수 있음을 알 수 있었습니다.

그 후, 인연이 이어져서 저는 좌선을 계속하고, 또한 이것도 고마운 인연으로, 카시마신류(鹿島神流)라는 무술을 학생 시절부터 계속 하고 있으며, 지금 사는 것이 불가사의하며 고맙고 기쁘다고 느끼며 하루하루를 보내고 있습니다.

물론 누구에게나 검술과 좌선을 닦으라고 권할 수는 없습니다. 그러나 자칫하면 자기만 만족하는 생활에 빠지기 때문에, 아집으로 가득 찬 '나'를 서서히 없앨 수 있도록 어떤 목적을 가지고 뭔가 실천하며, 그것에 의해 자신을 단련시키는 것이 특히 젊었을 때 필요한 것은 아닐까요. 다만, 현대 젊은이에게 그 필요성을 어떻게 호소하며, 어떻게 자각시킬까, 그 구체적인 방법이 문제입니다.

과학자의 자각을 촉구하다

21세기 인류의 최대 부정적인 유산은 원자폭탄을 제조한 것이라고 합니다. 이 살인 병기가 만들어지게 되는 과정을 분석해 보면,

① 우선, 과학자가 플루토늄의 핵분열로 인해 팽창한 에너지가 방출된다는 것을 발견했으며, 인류는 그러한 지식을 획득했다.

② 정치가와 과학자가 일체가 되어 그 지식을 이용해서 병기를 제조하는 계획을 세웠다.

③ 그 계획에 찬성했던 과학자가 연구와 실험을 반복해서 원자폭탄을 완성했다.

④ 그리고 미국은 그것을 나가사키와 히로시마에 투하했다.

이 가운데 ①단계는 단지 알고 싶어서 안다고 하는 지식욕에 이끌려 이루어진 행위입니다(라고 저는 믿고 싶습니다). 문제는 ②에서 그 지식을 구체적인 기술에 응용할 때, 거기에 인간의 의지·목적이 개입된다는 것입니다.

지식은 '무엇을 위해' 응용되는가? 원폭 제조에는 여러 가지 이유가 있겠지만, 아무튼 '사람을 죽인다.'는 것이 궁극적이며 근본적인 목적인 것은 명백합니다. 우리는 이것을 용기 있게 직시하고 문제로 삼아야 합니다. 그리고 나아가 원폭이 실제로 사용되었으며 수십만 명이 살해된 비극이 일어났음을 깊이 인식해야만 합니다.

물론 전쟁에서 이긴 나라에서는 그것으로 전쟁을 끝냈다고 그 효과를 어필할 수 있겠지요. 그러나 그로 인해 수십만 명이 죽고 게다가 그 이상의 사람이 지옥의 고통을 경험했습니다. 한 사람은 하나의 우주입니다. 따라서 폭탄 하나로 수십만 개의 우주가 지옥이 된 것입니다.

이렇게 잔혹하고 무모한 계획을 '좋다'고 인정하고, 용서할 수는 없습니다. 저는 무슨 일이 있더라도 '사람을 죽인다.'는 목적을 위해 과학의 지식과 기술을 사용해서는 안 된다는 확고한 신념을 가지고 있습니다. 반복해서 이야기했습니다만, 과학 기술의 경우, 과학에서 기술로 이행할 때,

거기에 개발하는 사람들의 의지와 목적이 관여됩니다.

그리고 그 의지가 목적을 위해 행위를 일으킬 때, 곧 구체적인 기술을 개발해서 그것을 사용할 때, 거기에 인류를 불행하게 할 결과가 나온다면, 그 목적이나 의지는 결코 인정할 수 없다는 신념을 저는 강하게 가지고 있습니다.

지금 문제가 되는 유전자 조작의 문제도 마찬가지일 수 있습니다. 인간게놈(human genome)의 해독이 급속하게 진전되고, 유전자를 조작해서 새로운 농작물과 식품을, 게다가 복제동물을 만들 수 있게 되었습니다. 드디어 유전자 치료가 가능하게 되었습니다. 이제 복제인간의 등장도 그리 멀지 않은 것 같습니다.

생명을 부여 받은 인간이 생명을 조작합니다. 인간의 지성은 거기까지 발달했습니다. 그러나 여기서 망각해서는 안 될 것은 생명을 다루는 것이,

'무엇을 위해서인가?'

라는 것입니다. 유전자 조작에 대해서도 원폭과 마찬가지로 심도 있게 토론할 필요가 있습니다.

자연과학자 한 사람 한 사람의 삶의 방식이 지금 크게 문제시되어야 할 시대가 왔습니다. 과학자 자신도 자신이라는 이 구체적으로 사는, 분석되기 이전의 종합적인 생명

무엇을 위한 기술인가

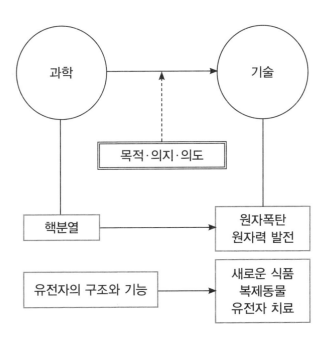

인간만을 위한 기술 개발로 좋은가?

에 의식의 초점을 맞추면서, 동시에 객관적이며 분석적인 생명 연구에 종사해야 합니다. '나는 과학자다. 자기 추구와 같은 것은 종교가나 철학자가 해야 할 것이며, 내가 해야 할 영역에는 없다.'는 태도에서 과학적 지식이 악용되어 살인 병기까지 만들어 놓는 결과를 초래한다고 해도 과언이 아니겠지요.

곧, 과학자는 자신들이 발견한 지식의 응용까지도 책임을 져야 합니다. 생명 윤리가 지금 문제시되고 있습니다. 거기에 임하기 위해서, 확실히 종교가와 철학자의 협력도 필요합니다. 그러나 자기가 만든 자식을 부모가 돌봐 주듯이, 과학자는 자신이 발견한 과학적 지식이 기술로 응용될 때까지 돌봐 주어야만 합니다. 이처럼 과학자의 자각을 촉구하는 것이 중요합니다.

생명의 근원은 DNA인가

― 물심일여(物心一如)의 인과(因果)

저는 대학 시절, 농학부 수산학과 소속으로 물고기의 혈액을 연구했습니다. 저에게 부여된 연구 주제는 인간이 암에 걸리면 증가한다고 알려진 합토글로빈(Haptoglobin)이라는 헤모글로빈(Hemoglobin)의 일종이 물고기에도 있는지를 조사하고, 있다면 그것을 추출하는 것이었습니다. 그리고 연구 결과 20종류나 되는 물고기에서 인간에게도 있는 합토글로빈이 발견되었습니다. 저는 직접 실험을 하고 연구해서 '생명의 근원은 하나다.'라는 사실을 알 수 있었습니다. 이것은 제 연구 생활 중 가장 감동적인 사건이었습니다.

그러나 저는 다음과 같은 의문이 생겼습니다. 분명히 그러한 연구는 그런대로 가치가 있지만, 제가 무엇보다 연구 대상으로 삼아야 할 것은 지금 이렇게 물고기의 혈액을 연구하고 있는 이 '자신,' 이 '생명'이라는 것을 깨달았던 것입니다.

생명을 대상으로 객관적으로 관찰하고 분석하는 것은, 비유하자면, 거울 속의 상을 연구하는 것입니다. 저는 그것보다도 거울 그 자체가 무엇인지를 추구하고 싶다는 생각이 점점 커졌습니다. 그래서 물고기의 혈액에 대한 연구를 그만두고 인도철학으로 전향했습니다. 그리고 동시에 선(禪)수행에 뛰어들었습니다.

최근 유행하는 생명의 근원을 유전자로, 그것을 구성하는 DNA로 환원해서 파악하는 것도 중요합니다. 그러나 그와 동시에, 아니, 그 이상으로 중요한 것은 그 DNA를 연구

2. 현대의 여러 문제에 대처하다

하고 있는 '나'는 무엇인가, 이 생명은 무엇인가 하고 추구하는 것입니다. DNA에서 생명의 근원을 구하는 환원주의적 연구는 확실히 지금까지 알려지지 않았던 지식을 우리에게 점점 더 많이 알려 주고 있습니다. 그러나 자칫하면 '보다 상세하게 분석된 심오한 것', '보다 근원적인 것'에만 구애되고 마는 위험이 있습니다.

리처드 도킨스 박사의 '이기적 유전자'라는 생각이 지금 화제가 되고 있습니다. 예컨대, 어미 새는 자신의 새끼가 동물에 의해 습격당하면 자신을 던져서라도 새끼를 지킵니다. 도킨스 박사는 그런 행동은 새끼를 생각하는 어미의 애정에서 비롯되는 것이 아니라, 유전자가 자신을 남기고자 하는 전략이라고 해석합니다. 여기에는 '부모의 애정'과 '유전자의 계획·전략'이 대비되어, 전자가 부정되고 후자가 긍정되고 있습니다. 이 견해는 명확히 유전자 DNA라고 하는 관점에서 보는 하나의 생명관입니다.

문제는 그러한 생명관만으로 충분하느냐는 것입니다. '새에는 부모의 애정 따위는 없다.'고 누가 단정할 수 있겠습니까? 이 견해를 인간에 적용하면, '인간은 이기적 유전자, DNA가 탑재된 사물에 지나지 않는다.'는 것이 되며, 인간에게 있는 자식을 생각하는 부모의 애정, 그리고 넓게는 타인에 대한 애정·자비는 대체 무엇이냐는 문제가 생깁니다. 그러한 것이 모두 이기적인 유전자의 전략에서 생겨난 것이라고 인식하는 것은, 대단히 무미건조한 생명관이 아닐까요? 생명은 무엇보다도 충실한 것입니다. 생생하게 살아 있으며 종합적입니다.

우리 인간은 어떤 현상에 대해서 그 원인은 무엇인가, 왜 그런 것이 일어났는가, 오성(悟性)의 작용으로 왜, 왜냐고, 보다 근원적인 원인을 추구해 갑니다. 이 오성의 작용 결과, 생명은 무엇이냐는 질문에서, 생명을 다루는 근원체는 유전자라는 결론에 도달한 것입니다.

물론 이것은 인류가 이룬 큰 공적 가운데 하나입니다. 그러나 우리(특히 과학자와 기술자)는 너무나도 '물질적 인과관계'에 주목해서 그것만으로 현상을 설명하려고 합니다. 이곳에 큰 문제가 있으며, 동시에 위험이 잠재해 있다는 것을, 과학자, 기술자 그리고 우리 일반인을 포함해서 모두 알아차리는 것이 무엇보다도 시급합니다.

인과의 사슬에는 '물질의 인과'만 있는 것이 아닙니다. '마음의 인과'도 있습니다. 그러나 무엇보다도 엄밀히 말하면, '물심일여의 인과'가 있다고 해야겠지요. '물심일여의 인과'라는 기묘한 표현을 했습니다만, 이 '나'라는 생명은

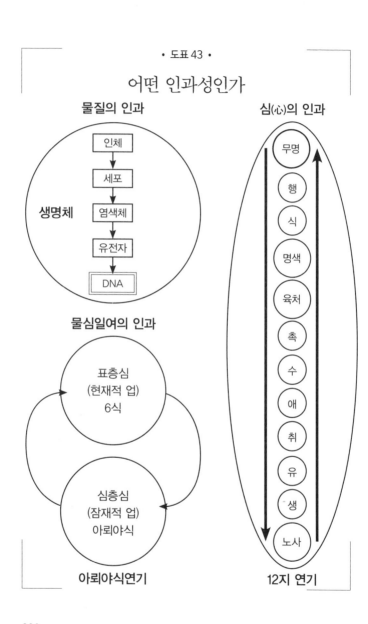

• 도표 43 •

어떤 인과성인가

물질의 인과

생명체

인체 → 세포 → 염색체 → 유전자 → DNA

심(心)의 인과

무명 · 행 · 식 · 명색 · 육처 · 촉 · 수 · 애 · 취 · 유 · 생 · 노사

물심일여의 인과

표층심
(현재적 업)
6식

심층심
(잠재적 업)
아뢰야식

아뢰야식연기

12지 연기

DNA도 아니고, 이것저것 생각하고 고민하는 마음도 아닙니다. 물질과 심(心)이라고 일컬어지는 것이 그 속에 융해되어 버린 광대한 심연입니다.

이렇게 깊은 생명관으로 한 번 더 유전자와 DNA 연구를 직시해 볼 필요가 있습니다. '물질의 인과'에만 시야가 한정되고 물질에 대한 욕망에 굴복할 때, 게놈의 해명이 가져오는 기술은 원폭을 만들었던 때처럼, 우리 인간에게 무서운 결과를 가져올 것입니다.

물질도 마음도 없는 것

존재하는 것은 정말로 마음과 물질뿐일까요? 이것 이외에 언어로 부를 수 있는 '것'이 따로 있는 것은 아닐까요? 인간의 인식구조가 이 두 가지밖에 파악할 수 없게 된 것은 아닐까요?

거기에 "물질도 마음도 아닌 것이 있는가?"라고 물어 봅시다. 이에 대해 눈 등의 감각기관에 대한 불교의 생각을 소개해 보겠습니다. 불교에서는 예컨대 시각을 안식(眼識)이라 부르고, 그 감각기관을 안근(眼根)이라 부릅니다. '근(根)'의 어원은 인드라(indra) 신에서 파생된 명사 인드리야

(indriya)로 강력한 힘을 뜻합니다.

가장 강력한 힘은 사물을 만드는 힘입니다. 확실히 눈이라는 기관은 굉장한 힘을 가지고 있습니다. 왜냐하면 그것은 크게는 우주에서부터 작게는 소립자까지를 볼 수 있는 시각, 즉 마음을 생성하기 때문입니다. 눈이라는 기관은 수정체, 각막, 망막 등으로, 최종적으로는 원자·분자로 만들어진 '것'입니다. 따라서 왜 그것이 '마음'을 생성하는가 하는 것은 결코 해결할 수 없는 사건입니다. 아무튼 현실에는 틀림없이 시각이라는 마음이 생깁니다. 따라서 바로 눈이라는 감각기관이 안근이라고 불리는 것입니다.

그리고 이 '근'은 다음의 두 가지로 구성된다고 불교는 생각합니다.

① 부근(扶根)
② 정근(正根)

①의 부근은 ②의 정근을 돕는 근이라는 의미로, 수정체·각막 등으로 구성된 구체적인 기관을 말합니다. 현대 과학에서는 이것으로 감각기관에 대한 정의는 끝납니다만, 불교는 이것은 제2차 기관이며, 틀림없이 근이라고 불러야

만 할 정근이 있다고 생각합니다. 그리고 그것은 '정색소조(淨色所造)', 즉 청정한 물질로 만들어진 것이라고 설명하고 있습니다.

'색(色)'은 일단 현대에서 말하는 원자·분자로 된 물질을 말합니다만, 이 경우, 특히 '청정한 물질'과 달리, '보석처럼 빛나는 것'으로 비유되는 것으로 보아, 눈의 정근은 특수한 물질이며 거기에서 빛 에너지를 발해서 대상을 비추어, 그 대상의 색과 형태를 파악할 수 있는 것이라고 할 수 있지 않을까요?

현대 과학으로 말하면, 외부 세계에서 물질의 파장이 수정체를 통과해서 망막에 도달하고, 그 자극이 시신경을 통과해서 뇌로 전달해, 뇌의 작용으로 마음속에 그것의 영상을 생성한다고 설명할 수 있겠지요.

그러나 불교의 정근이라는 생각에 기초하면, 역으로 눈에서 빛을 발하여 사물을 파악하는 것이 됩니다.

귀의 기관[耳根], 코의 기관[鼻根], 혀의 기관[舌根], 몸의 기관[身根]에 대해서도 이와 같이 말할 수 있습니다. 이 생각에 의하면 다섯 가지 감각기관을 구비한 이 신체[그것을 유근신(有根身)이라고 부릅니다]는, 바로 전신에서 감각 에너지를 방출하는 하나의 커다란 에너지 몸체라고 할 수 있습니다.

참된 감각기관은 보석처럼 빛을 발한다

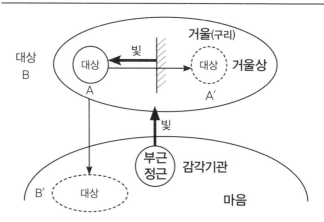

예컨대, 구리 표면을 연마하면 빛을 발해서 거울이 되며, 앞에 있는 물체 A의 상 A'가 거울 속에 생긴다. 이 일련의 현상을 대상 B라고 한다면, 그것을 내가 마음속에서 대상 B'로 지각하는 것이 가능한 이유는, 거울의 경우와 같이, 내 쪽에서 빛을 발해서 대상 B를 비출 필요가 있는데, 그 내 쪽에서 빛을 발하는 근원이 바로 감각기관인 정근(正根)이다.

물론 이러한 정근을 현대 과학에서는 인정하지 않습니다. 이것은 요가 수행을 하고, 고요하고 안정된 마음에서 관찰한 것에 의해, 그러한 감각 에너지가 나오는 근원이 없으면 안 된다는 확신에서 나온 생각인 것 같습니다.

이 '정색소조(淨色所造)의 정근(正根)', 그리고 거기에서 발하는 빛과 같은 에너지, 그것은 물질도 마음도 아닌 것이라고 생각해 보는 것은 어떨까요?

애초에, 지금 과학이 문제로 삼고 있는 '빛'이 빛의 전부일까요?

심층에 있는 마음으로부터 건강을

마음속에 신체가 있는가? 그렇지 않으면 신체 속에 마음이 있는가? 이렇게 질문해 보았습니다. 그러나 우리는 이 물음에 답할 수 없습니다. 왜냐하면, '마음은 ~ 이다.'라고 생각하더라도 그렇게 생각했던 마음은 결코 생각의 대상이 될 수 없으며, 그 남겨진 마음이 무엇인지가 문제가 되기 때문입니다. 그러나 최초의 물음을 다른 각도에서 생각해 보면, 의미가 없는 물음이라는 것을 알게 됩니다. 왜냐하면, '마음'이 거대한 삼차원의 공간을 가지고 있는 것이 아니기 때문입니다. 따라서 '마음속'이라고 말할 수 없습니다.

그러면 마음과 신체는 어떤 관계일까요? 이에 대해 뇌를 중심으로 생각하는 사람은, "마음은 뇌의 기능이다."라고 대답합니다. 이것은 예컨대, 복잡한 구조로 이루어진 시계에 기계만 있고, 거기에서 삐걱대는 소리가 나오듯이, 존재하는 것은 뇌라는 물질적인 존재만 있고, 마음은 시계의 삐걱대는 소리처럼 뇌에서 발생하는 제2차적인 존재라고 보는 생각입니다. 이것은 하나의 해석이라 치더라도, 본질적인 답은 되지 않습니다. 왜냐하면 이 해석에 대해 "그러면 왜 원자·분자로 이루어진 뇌라는 것에서, 예컨대 본다고 하는 시각, 즉 마음이 생기는가?"라는 질문이 또 제기될 수 있습니다. 이 '뇌로부터 마음으로'라는 발상도 '생명이란 무엇인가?'라는 질문 중에 '유전자에서 생명으로'라고 보는, 소위 '물질'에서 근원적인 원인을 구하는 인과관계론과 같은 입장에 서 있는 것입니다.

이처럼 지나치게 물리(物理)의 인과관계만으로 사물 자체의 원인을 탐구하는 분위기에서 당분간 벗어나, 전술한 바와 같이 물리도 심리도 아닌, 이른바 '물심일여(物心一如)의 이치'에 기초한 유식사상의 마음과 신체의 관계론을 여기에서 검토해 봅니다.

여기서 소개하고 싶은 것이 '안위동일(安危同一)'이라는 생각입니다. 이것은 심층심인 아뢰야식이 만들고, 아뢰야식은 스스로 만든 신체와 생리적·유기적인 상호 인과관계에 있다는 생각에 기초합니다. 신체와 아뢰야식 중 어느 쪽인가 한쪽이 좋은 상태에 있으면 다른 쪽도 좋은 상태에, 역으로 한쪽이 나쁜 상태에 있으면 다른 쪽도 나쁜 상태가 된다는 생각입니다.

신체와 마음이 밀접한 관계에 있다는 것은 이해하기 쉽습니다. 예컨대, 마음에 스트레스가 쌓이면 즉시 위궤양이 생깁니다. 또 어딘가 몸의 상태가 나쁘면 마음이 우울해집니다. '안위동일'이라는 생각의 특징은 이러한 현상을 신체의 상태와 심층심의 관계로 파악하는 데 있습니다.

이 '안위동일'이라는 생각은 우리에게 다음과 같이 알려 줍니다. 우선, 심층심의 정화와 건강을 구한다면, 표층적인 신체 상태부터 해 나가야 한다는 것입니다.

좌선과 요가를 할 때, 결가부좌라는 좌상(坐相)이 있습니다. 이것은 좌우의 발을 서로 겹치고 척추를 바르게 펴서, 정수리는 우주의 끝까지 닿게 할 셈으로, 그리고 꼬리뼈는 지구의 대지에 꽉 뿌리를 박은 듯한 기분으로 꾹 눌러 앉아 있는 모습입니다. 이것이 신체적인 자세로는 최고로 좋은 상태라는 것을 인도 요가행자들은 체험적으로 알았다는 것이지요.

과연, 진리가 무엇인지를 누워서 생각하는 것이 가능할까요? 플라톤의 『향연』을 읽어 보면, 소크라테스와 플라톤은 누워서 철학적인 논의를 한 것 같습니다. 그들에게 '신체는 영혼의 감옥이다.'라고 보는 신체를 경시하는 생각이 있었기 때문일까요?

이에 대해서, 불교는 연기적 관점에서, 즉 신체가 있기 때문에 마음이 있다, 마음이 있기 때문에 신체가 있다고 하는 서로 의지하는 관계로 신체와 마음을 파악하고 있습니다. 따라서 마음의 정화는 신체의 상태에서 시작하지 않으면 안 된다고 생각합니다.

신체의 상태를 '위의(威儀)'라고 부릅니다. 이것은 원래 불교 용어입니다. 분석하면, 움직이다·머무르다·앉다·눕다, 즉 행(行)·주(住)·좌(座)·와(臥) 4가지 신체 상태입니다. 이것을 '위의'라고 한 것은, 우리 신체적인 상태가 지켜야 할 규칙에 따라서 항상 위풍당당하지 않으면 안 된다는 생각이 있기 때문입니다.

도원선사(道元禪師)의 '위의즉불법(威儀卽佛法)'이라는 말이 있습니다만, 이것은 진리는 어딘가 먼 곳에 있는 것이

신체와 심층심의 유기적인 상호인과성

심층에 있는 마음으로부터의 건강

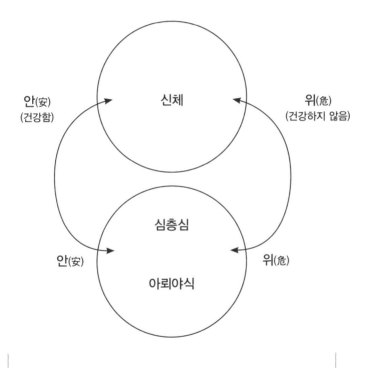

아니라, 일상의 행동거지에 있다는 생각입니다. 이것은 신체의 상태가 얼마나 중요한지를 깨닫게 해 주는 고마운 말입니다.

그리고 이 '안위동일'은 또 한 가지, 신체적 건강을 생각할 경우, 심층심의 영역에까지 들어가서 생각해야 한다는 것을 우리에게 가르쳐 줍니다. 병에 관한 문제를 우선 생각해 봅니다. 약으로 병을 치료하는 것은 어디까지나 일시적으로 표층적인 치료를 하는 것에 지나지 않습니다. 원래 병이라는 말은 마음이 아픈 것을 표현한 것입니다. 물론 마음이 아픈 것이 원인이 아닌 병도 있을지 모르겠습니다. 그러나 대부분의 병이 마음이 아픈 데서 유래하는 것은 아닐까요?

암을 치료하는 임상 의사로부터 들었던 말입니다. 위암에 걸린 많은 사람이 성실하고 스트레스가 쌓이기 쉬운 사람이라고 합니다. 유식학적으로 말하면, 아뢰야식 속에 스트레스가 쌓여 심층심의 단계부터 건강하지 않았다고 할 수 있겠지요.

그러면 심층심부터 건강해지기 위해서는 어떻게 하면 좋을까요? 안위동일에서 생각해 보면, 이미 서술했던 바처럼, 표층적인 신체 상태부터 임하지 않으면 안 됩니다.

그 신체의 상태로 권하고 싶은 것은 몸소 어딘가에 몰두하는 것, 몰입하는 것입니다. 확실히 어딘가에 몰두하면 시원해집니다. 그것은 현대적으로 말하면, 스트레스가 없어지는 것입니다. 유식학적으로는 아뢰야식의 영역에서 마음이 정화되어, 심층부터 건강해지는 것이라고 말할 수 있겠지요.

남에게 폐를 끼치지 않는다면(정말로 폐를 끼치지 않는 것일까요?) 어떤 것도 해도 좋다는 개인주의적 행동으로, 예컨대 현대의 젊은이들은 도로에 앉기도 하고, 담배를 피우면서 길을 걷기도 하고, 수업에서는 팔꿈치를 괴고 강의를 듣기도 합니다. 여기서 점점 심층의 마음이 흐려지고 건강하지 않게 됩니다. 현대의 젊은이들에게 결여된 것은 몸을 통해서 배우는 자세가 아닐까요?

옮긴이 후기

  불교와 인연을 맺은 지 꽤 오랜 시간이 흐른 후, 박사논문 「유식불교의 언어관 연구- '사회적 자아'를 형성하는 언어의 역할 문제를 중심으로」를 쓰게 되었습니다. 이 논문은 '수행자의 경험은 매우 개인적인데, 어떻게 다른 사람들은 그 수행자의 경험 내용을 알 수 있을까? 어떻게 유식불교 문헌에는 수행자들의 내적인 마음 상태 즉, 수행을 통해 마음이 변화하는 과정이 세밀하고 구체적으로 서술될 수 있었을까?'라는 의문에서 출발했습니다. 이것은, '우리는 어떻게 타인의 마음을 알고 이해할 수 있을까?'에 대한 근본적인 물음이기도 합니다. 역자는 사회 속에서 타인과 소통하는 데 중요한 역할을 하는 언어에 주목했습니다. 유식불교 문헌을 분석하여 이 문제를 유식학적으로 밝히면서 동시에 현대적인 관점에서 논의하는 시도를 했습니다.

유식, 마음을 변화시키는 지혜

그 후 대학에서 불교 관련 과목을 강의하면서 유식학을 현대 사회 문제와 접목해서 쉽게 설명한 책이 있으면 좋겠다는 생각을 많이 했습니다. 유식 문헌은 수행을 통해 관찰한 인간의 심리를 멋지게 기술하고 있지만, 그 내용이 사변적이고 추상적으로 느껴져서 나와는 먼 이야기처럼 생각되기도 합니다. 따라서 유식학의 기본 개념에 익숙하지 않으면, 개론서 자체도 끝까지 읽기가 여간 어려운 것이 아닙니다.

   이 책은 유식학 개념을 설명하는 딱딱한 이론서가 아닙니다. 우리가 주변에서 경험할 수 있는 문제에서 시작합니다. 이 책의 저자는 서문에서 '전쟁, 인종 간의 갈등, 살인, 자살 등의 문제가 빈번하게 일어나는 지구상에서 인간은 어떻게 살아남을 수 있을까?'라는 화두를 던집니다. 그리고 그러한 문제는 인간에 의해 생겨났으므로, 그 해결 방안도 인간에게 있다고 봅니다. 그는 자신이 연구하고 체험했던 내용을 일상에서 쉽게 만날 수 있는 다양한 예와 접목해 '삶이란 무엇인가?' 그리고 '어떻게 살아야 하는가?'에 대해 이야기를 풀어 나갑니다. 그래서 독자가 자연스럽게 그의 이야기에 빠져들게 합니다.

   물론 그 이야기의 기반은 유식학입니다. 저자는 불교에

서 가장 어려운 분야로 알려진 유식학의 핵심 사상을 일상의 언어로 풀어내고 있습니다. 설명하기 위해 구체적인 사례로 제시한 저자의 경험이 우리도 한 번쯤 경험해 보았던 것이라 친근하게 느껴지기도 합니다. 하지만 여기에서 끝나지 않습니다. 각 단원의 말미에 앞에서 이야기했던 내용을 유식학의 핵심 개념으로 도식화하여 정리하고 있습니다. 따라서 이 책은 유식학에 흥미를 느끼지만 접근하지 못하고 있는 초심자에게 좋은 길잡이가 될 수 있으리라 생각합니다. 또한 이미 유식학의 핵심 개념에 익숙한 사람도 그 개념을 어떻게 우리 시대의 언어로 표현하고 현실에 접목하고 있는지에 대해 생각해 보도록 합니다.

번역하는 동안, 심오하고 난해한 유식사상을 평생 연구한 유식학자가 일상에서 경험한 것을 놓치지 않고 자신의 학문 분야와 연결하려는 열정에 감동을 하곤 했습니다. 저자는 불교학자들이 공유하는 불교 용어를 일반인들이 알 수 있도록 쉽게 서술하고 있습니다. 그리고 현시대의 문제를 해결하는 방법을 나름대로 제시하려고 합니다. 이 점에서 저자는 보살의 특징으로 언급되는 상구보리·하화중생을 자신이 해 온 학문을 통해 실현하고 있는 것은 아닌가 하는 생각이 들었습니다.

지금까지 역자에게 가르침을 주신 분들이 많습니다. 이 자리를 빌려서 감사의 말씀을 드립니다. 우선 박사논문을 지도해 주신 윤원철 교수님, 박사논문을 쓰는 동안 유식학에 관해 조언과 지도를 해 주신 안성두 교수님께 감사드립니다. 조은수 교수님, 본각 스님, 최종남 교수님께 감사드립니다. 서울불교대학원대학교 황윤식 총장님, 윤희조 교수님, 정준영 교수님께 감사드립니다.

번역을 의뢰했을 때 흔쾌히 허락해 주신 민족사의 윤창화 대표님과 편집을 맡아 주신 최윤영 님께도 감사드립니다. 마지막으로 곁에서 항상 격려해 주는 가족에게 감사의 말씀을 전합니다.

2019년 8월
안환기

지은이

—

요코야마 코이츠(橫山紘一)

1940년 후쿠오카시 하카타에서 태어났다. 도쿄대학 농학부 졸업, 도쿄대학 인도철학과 및 대학원을 졸업했다. 릿쿄우대학 교수를 거쳐, 현재 릿쿄우대학 명예교수, 쇼겐단기대학 부학장이다. 저서로는 『유식철학』(平楽社書店), 『유식사상입문』(第三文明社), 『유식이란 무엇인가』, 『십우도·자기를 찾는 여행』, 『내 마음의 구조』, 『유식 불교사전』(이상·春秋社), 『알기 쉬운 유식』(NHK 出版), 『유식으로 읽는 반야심경』(大法輪閣), 『십우도입문』, 『아뢰야식의 발견』(이상·幻冬舍) 외 다수가 있다.

옮긴이

—

안환기(安煥基)

서울대학교 철학과(동양철학 전공) 석사. 서울대학교 종교학과에서 철학박사학위를 취득했다. 현재 서울대 철학사상연구소 객원연구원이며, 서울불교대학원대학교에서 '불교심리학'을 비롯해서 불교 관련 과목을 강의하고 있다. 사)아시아문화학술원 등재학술지 『인문사회21』 편집위원이며 불교여성연구소 운영위원이다. 일본 도쿄대학교 대학원 인도철학과 연구생, 서울대 종교문제연구소 객원연구원, 서울대, 중앙승가대, 원광대, 동명대, 한신대 강사, 서울불교대학원대학교 초빙교수를 역임했다. 박사학위논문으로 「유식불교의 언어관 연구-'사회적 자아'를 형성하는 언어의 역할 문제를 중심으로」가 있다. 저서로는 『한국사회와 종교학』(공저), 『마음과 종교-종교문화 속 마음탐구』(공저)가 있으며, 연구논문으로 「자리이타의 불교심리학적 의미」, "Reconsidering the Role of Desire in Yogācāra Buddhism-Focus on the Bīja, Another Form of Language," 「유식학의 관점에서 본 인터넷-'식(識)'의 확장과 가상공간(virtual space)-」, 「AI와 인간의 마음, 불교 교학적 해석과 심층적 논의」, 「유가행파의 비유적 표현과 소통- 밀의(密意)를 중심으로」, 「종교경험으로서의 '전의'(轉依)-외적 시선과 내적 시선에 의한 해석-」, 「유식불교 '법신(法身)' 개념의 심리학적 의미-융의 '자기(self)'와 『攝大乘論』의 '법신' 개념을 중심으로-」 외 다수가 있다. 아시아문화학술상(2014년), 제14회 진각논문대상(2012년), 제1회 원효학술상 학생부문(2010년)을 수상했다.

유식, 마음을 변화시키는 지혜
― 나를 바꾸는 불교심리학

초판 1쇄 발행 | 2019년 8월 30일
초판 2쇄 발행 | 2020년 11월 30일

지은이 | 요코야마 코이츠
옮긴이 | 안환기

펴낸이 | 윤재승
펴낸곳 | 민족사

주간 | 사기순
기획편집팀 | 사기순, 최윤영
영업관리팀 | 김세정

출판등록 | 1980년 5월 9일 제1-149호
주소 | 서울 종로구 삼봉로 81 두산위브파빌리온 1131호
전화 | 02)732-2403, 2404 팩스 | 02)739-7565
홈페이지 | www.minjoksa.org
페이스북 | www.facebook.com/minjoksa
이메일 | minjoksabook@naver.com

※이 책은 2019년 서울대 철학사상연구소에서 원고료 일부를 지원 받아
   출간되었습니다.